网店运营推广 1+X 证书制度系列教材

网店推广实训

北京鸿科经纬科技有限公司

中级

高等教育出版社·北京

内容提要

本书是网店运营推广 1+X 证书制度系列教材之一，针对《网店运营推广职业技能等级标准》（中级）设计内容，同时配套开发了理论教材《网店推广》。

本书分为 SEO 优化、SEM 推广、信息流推广三大工作领域的实训任务，共包含 12 个大任务，近 70 个子任务。每个工作任务遵循“任务目标—任务背景—任务分析—任务操作—任务思考”的逻辑体系编写。本书以 SEO 优化、SEM 推广、信息流推广三大工作领域的实训任务所对应的知识、技能、素养要求为主线。其中 SEO 优化实训任务包含淘宝标题优化、速卖通标题优化、百度网页标题优化三种类型；SEM 推广实训任务包含淘宝直通车推广、百度推广、速卖通推广三种类型；信息流推广实训任务主要包含今日头条信息流推广这一类型。本书采用“表单即工单”的活页形式，将学习者的技能体验与学习任务紧密结合，体现“做中学、学中做”的思想，具有较强的实用性。

本书既可作为应用型本科、高职、中职院校的电子商务、跨境电子商务、网络营销、移动商务、客户服务、市场营销、连锁经营管理等相关专业的教材，又可作为获取网店运营推广职业技能等级证书的培训教材，还可供电子商务相关从业者和社会人士阅读参考使用。

本书配有在线开放课程、微课等数字资源。本书精选了其中的优质资源，将其以二维码的形式嵌入书中，供学习者即扫即看。其他资源详见书后“郑重声明”页的资源提示。

图书在版编目（CIP）数据

网店推广实训 / 北京鸿科经纬科技有限公司编 . -- 北京 : 高等教育出版社，2019. 11（2020.4 重印）

ISBN 978-7-04-053218-0

Ⅰ. ①网… Ⅱ. ①北… Ⅲ. ①网店－商业经营－高等职业教育－教材 Ⅳ. ①F713.365.2

中国版本图书馆 CIP 数据核字（2019）第 275425 号

网店推广实训
WANGDIAN TUIGUANG SHIXUN

策划编辑 王 沛　　责任编辑 王 沛　　封面设计 王 洋　　版式设计 张 杰
插图绘制 黄云燕　　责任校对 张 薇　　责任印制 尤 静

出版发行 高等教育出版社
社　　址 北京市西城区德外大街 4 号
邮政编码 100120
印　　刷 中煤（北京）印务有限公司
开　　本 787mm×1092mm 1/16
印　　张 18.5
字　　数 400 千字
购书热线 010-58581118
咨询电话 400-810-0598
网　　址 http://www.hep.edu.cn
　　　　 http://www.hep.com.cn
网上订购 http://www.hepmall.com.cn
　　　　 http://www.hepmall.com
　　　　 http://www.hepmall.cn
版　　次 2019 年 11 月第 1 版
印　　次 2020 年 4 月第 2 次印刷
定　　价 75.00 元

物 料 号 53218-00

网店运营推广 1+X 证书制度系列教材

编写说明

从电子商务技术、电子商务服务到电子商务经济，电子商务行业经历了从具体的技术应用发展到相关产业形成的过程，并通过创新与协同发展融入国民经济的各个组成部分。随着电子商务行业的快速发展，企业对电子商务行业人才技能提出了新的需求，网店运营推广人才需求缺口进一步扩大，使电子商务行业人才培养成为亟待解决的问题。

2019 年 1 月 24 日，国务院印发了《国家职业教育改革实施方案》（以下简称为“职教 20 条”），明确提出在职业院校、应用型本科高校启动“学历证书 + 若干职业技能等级证书”制度试点（以下简称为“1+X 证书制度试点”）。2019 年 4 月，教育部等四部门印发了《关于在院校实施“学历证书 + 若干职业技能等级证书”制度试点方案》的通知，部署启动 1+X 证书制度试点工作。北京鸿科经纬科技有限公司开发的电子商务领域网店运营推广职业技能等级证书入围第二批职业技能等级证书，参与 1+X 证书制度试点。

网店运营推广职业技能等级证书以社会需求、企业岗位（群）需求和《网店运营推广职业技能等级标准》为依据，对学习者的职业技能进行综合评价，如实反映学习者职业技术能力，促进学校教育的普遍性与电子商务相关行业企业对职业要求特殊性的有机结合。网店运营推广职业技能等级证书以学历证书为基础，对学历证书要求的内容进行强化、补充、拓展。

为落实 1+X 证书对“1”强化、补充、拓展的要求，确保网店运营推广职业技能等级证书的顺利、有效实施，方便书证融通，北京鸿科经纬科技有限公司联合电子商务龙头企业以及职业教育专家，根据《网店运营推广职业技能等级标准》，对应教学标准，对接职业标准，以实际岗位需求为导向，以“学训结合”为原则，以强化职业技能为目标，开发了符合行业发展和职业教育需求的网店运营推广 1+X 证书制度系列教材。本系列教材体现了以下特色：

1. 依据职业技能等级标准，重视课程思政建设，建立健全价值体系

本系列教材以习近平新时代中国特色社会主义思想为指导，坚持正确的政治方向、舆论导向和价值取向，落实立德树人的根本任务。本系列教材依据《网店运营推广职业技能等级标准》，结合《中华人民共和国电子商务法》，面向以互联网、人工智能、大数据、云计算等新技术为背景的新商业，致力于建立健全学生在新的法制环境、商业模式下的价值体系，实现人才培养中对社会主义核心价值观、职业道德、法律意识与专业素质的全方位综合培养目标。

2. 开发特色鲜明的职业技能等级证书制度系列教材，实现了在线开放课程和新形态一体化教材的“互联网 +”式互动

根据《网店运营推广职业技能等级标准》，开发了《网店运营基础》《网店运营基础实训》《网店推广》《网店推广实训》《网店运营》《网店运营实训》等教材。同步开发了在线开放课程，建设了微课、动画、视频、课件等类型丰富的数字化教学资源，学习者通过扫描二维码可学习教材中的案例、课件、微课、视频等资源，资源类型丰富，提高了学习的便利性和趣味性，实现了在线开放课程和新形态一体化教材的“互联网 +”式互动。

3. 构建科学合理的网店运营推广核心知识、技能体系，解决了课程逻辑构建和内容的取舍问题

核心知识、技能体系的确立是课程内容设置的根本，本系列教材以企业岗位需求为导向，注重课程逻辑构建与内容梳理，凝练行业企业经验，重点突出对网店运营推广核心知识、技能体系的强化、补充和拓展。课程内容注重横向单元的构建和纵向单元的深入，体系健全、逻辑严谨、重点突出、详略得当，既能满足教学需求，又能对接职业要求。

4. 立足标准，聚焦关键工作领域，推动“学训结合”

本系列教材立足标准，聚焦网店基础操作、网店装修、网店客户服务，SEO 优化、SEM 推广和信息流推广，运营规划、商品管理、流量获取与转化、运营分析等关键工作领域。梳理典型工作任务，定向开发了理论教材与配套实训教材，教材内容具有针对性、灵活性、前瞻性等特点，社会及企业认可度高，具有较强的指导性。

前　言

《国家职业教育改革实施方案》（职教 20 条）提出，鼓励职业院校学生在获得学历证书的同时，积极取得多类职业技能等级证书，即实施“学历证书 + 若干职业技能等级证书”（1+X 证书）制度试点，拓展就业创业本领，缓解结构性就业矛盾，真正培养社会适需的复合型技术技能人才。

为贯彻落实《国家职业教育改革实施方案》，积极推动“学历证书 + 若干职业技能等级证书”制度试点，进一步完善相关行业技术技能标准体系，为技术技能人才教育和培训提供科学、规范的依据，北京鸿科经纬科技有限公司依据当前相关行业发展的实际情况，联合行业、企业、院校，组织有关专家联合开发了《网店运营推广职业技能等级标准》，并在此基础上开发了网店运营推广 1+X 证书制度系列教材。

《网店推广实训》依据《网店运营推广职业技能等级证书》（中级）编写，通过学习本书，可以使学习者对网店运营推广形成系统而清晰的认知。

本书具有以下特点和优势：

1. 活页式。本书摒弃了说明书式的实训内容，设计了活页式教材，内容简洁实用，力求言简意赅。学习者可以根据自己的学习需求，对实训教材进行个性化拆分和重新组合，灵活选择实训任务。

2. 创造性。本书的实训任务均采用真实的业务数据，提高了学生的主观能动性，激发了学生的自主学习意识。

3. 实用性。本书贴近企业的真实业务场景，力求目标明确、生动有趣，对于关键技能点，均配套相关学习资源，是对网店推广技能的补充和拓展。

本书由北京鸿科经纬科技有限公司主持编写，并得到了江苏经贸职业技术学院、浙江商业职业技术学院等众多院校，雷士照明、三只松鼠等知名电商企业以及高等教育出版社的大力支持和精心指导。在此对各位专家老师的辛勤工作表示衷心的感谢！

由于网店推广涉及的内容具有较强的时效性，加之编写时间及编者水平有限，书中难免存在不足之处，恳请广大读者批评指正，以使本书日臻完善。

北京鸿科经纬科技有限公司

2019 年 10 月

目 录

工作领域一

SEO 优化

思维导图

任务一　关键词挖掘

1.1　标品爆款关键词挖掘（淘宝）

任务目标

1. 能够掌握标品爆款商品关键词挖掘的方法

2. 能够通过数据分析，对挖掘的关键词进行分类和整理

3. 能够建立完整的标品爆款商品关键词词库

任务背景

小雅是一家 3C 数码配件网店的淘宝推广负责人，“6・18”大促活动之后，店内爆款商品的免费流量占比逐渐降低，通过自然搜索进店的访客数也比往日减少。

为了能够使店内的爆款商品获得更多免费的自然流量，小雅决定对店铺内“ROMOSS/罗马仕 20 000 毫安大容量充电宝便携正品移动电源”进行关键词挖掘，为后面的 SEO 标题优化提供一个完整的关键词词库。

任务分析

该任务背景介绍的商品为标品爆款商品，对标品爆款商品进行关键词挖掘，需要对商品的标题、属性和商品描述进行分析，通过拆分关键词等手段找出商品的核心词、属性词、品牌词、营销词、长尾词等商品相关词，并借助实训系统数据分析中的关键词分析工具对该商品的核心词、属性词进行拓展，完成关键词的挖掘与收集。

标品爆款的关键词挖掘应该侧重行业热词、品牌词、类目词、核心词。关键词挖掘完毕后，对关键词进行整理分类和整理，形成最终的关键词词库。

任务操作

1. 根据拆分词原则对标题进行关键词拆分，并将拆分的关键词按类别填写到表 1-1-1 中。

表 1-1-1 标题分词表

关键词类别	ROMOSS/ 罗马仕 20 000 毫安大容量充电宝便携正品移动电源
核心词	
属性词	
品牌词	
营销词	
长尾词	
其他词	

2. 根据实训系统中的商品属性拓展关键词，并将相关关键词填写到表 1-1-2 中。

表 1-1-2 商品属性关键词拓展表

关键词类别	ROMOSS/ 罗马仕 20 000 毫安大容量充电宝便携正品移动电源
核心词	
属性词	
品牌词	
营销词	
长尾词	
其他词	

3. 根据商品描述拓展关键词。对实训系统中的商品描述信息进行关键词的拆分，并挑选出与商品相关、符合买家搜索习惯且具有推广的意义的关键词。借助行业热搜词、Top20 W 词库等工具，删掉没有搜索人气的关键词，并将相关关键词填写到表 1-1-3 中。

表 1-1-3 商品描述关键词拓展表

关键词类别	ROMOSS/ 罗马仕 20 000 毫安大容量充电宝便携正品移动电源
核心词	
属性词	
品牌词	
营销词	
长尾词	
其他词	

4. 关键词挖掘与分析整理。在任务操作 1、2、3 获取的关键词基础上，借助实训系统数据分析中的关键词分析工具、直通车中的关键词分析工具对关键词进行进一步挖掘与拓展，并将关键词进行分析整理，具体任务操作如下：

（1）新建一个 Excel 表格，并将所有的关键词放在 Excel 表格中，以便对关键词进行分析和处理。

（2）删除重复的关键词。利用 Excel“删除重复项”功能，删除重复关键词。

（3）删除不相关的关键词。在挖掘关键词的过程中，往往会出现一些与我们的行业或产品不相关的关键词，例如，任务中的“罗马仕 20 000 毫安移动电源”，在进行拆分与挖掘关键词时会出现诸如“小米手机”“手机壳”“5 000 毫安”等不相关的关键词，需要把这部分关键词删除。

（4）关键词分类整理。把挖掘到的关键词按核心词、属性词、品牌词、营销词、长尾词、其他词进行分类整理，以便在后面的实训任务中使用。

（5）带数据的关键词的整理。在一定时间范围内，关键词的搜索人气、点击率、点击量、成交量、转化率在一定程度上反映了买家的 搜索与购买习惯，可以起到目标市场参考衡量的作用。因此，可以对挖掘到的关键词进行进一步的整理，按照展现量进行排序，筛选并删除搜索人气较低的关键词。用相同的方法，可以筛选并删除点击率较低、转化率较低、市场平均价较高的关键词。

请根据以上任务操作，将挖掘、分析、整理后的关键词填写到表 1-1-4 中，关键词数量不少于 500 个。

表 1-1-4　带有数据的关键词

序号	类别	关键词	展现量	点击率	转化率	竞争指数
1						
2						
3						
4						
5						
6						
7						
8						
9						
10						

任务思考

1. 标品爆款商品关键词挖掘中，你觉得哪个环节是最关键的？

关键词的挖掘与整理

2. 你还有哪些挖掘标品爆款商品关键词的方法？

1.1　标品爆款关键词挖掘（速卖通）

任务目标

1. 能够掌握标品爆款关键词挖掘的方法
2. 能够通过数据分析，对挖掘的关键词进行分类和整理
3. 能够建立完整的关键词词库

任务背景

Mary 是一家品牌手机网店的速卖通推广负责人，“黑色星期五”大促活动之后，店内爆款商品的免费流量占比逐渐降低，通过自然搜索进店的访客数也比往日减少。

为了能够使店内的爆款商品获得更多免费的自然流量，Mary 决定对店铺内“Original PPTV V1 Mobile Phone 5.0 Inch Android 5.1 MT6735P Quad Core Smartphone 16GB 4G FDD-LTE Fingerprint PP5200 Cellphone”进行关键词挖掘，为后面的 SEO 标题优化提供一个完整的关键词词库。

任务分析

该任务背景介绍的商品为标品爆款商品，对标品爆款商品进行关键词挖掘，需要对商品的标题、属性和商品描述进行分析，通过拆分关键词等手段找出商品的核心词、属性词、品牌词、营销词、长尾词、其他词等商品相关词，并借助实训系统数据分析中的关键词分析工具对该商品的核心词、属性词进行拓展，完成关键词的挖掘与收集。

标品爆款的关键词挖掘应该侧重行业热词、品牌词、类目词、核心词。关键词挖掘完毕后，对关键词进行整理分类和整理，形成最终的关键词词库。

任务操作

1. 根据拆分词原则对标题进行关键词拆分，并将拆分的关键词按类别填写到表 1-1-1 中。

表 1-1-1　标题分词表

关键词类别	Original PPTV V1 Mobile Phone 5.0 Inch Android 5.1 MT6735P Quad Core Smartphone 16GB 4G FDD-LTE Fingerprint PP5200 Cellphone
核心词	
属性词	
品牌词	
营销词	
长尾词	
其他词	

2. 根据实训系统中的商品属性拓展关键词，并将相关关键词填写到表 1–1–2 中。

表 1–1–2　商品属性关键词拓展表

关键词类别	Original PPTV V1 Mobile Phone 5.0 Inch Android 5.1 MT6735P Quad Core Smartphone 16GB 4G FDD–LTE Fingerprint PP5200 Cellphone
核心词	
属性词	
品牌词	
营销词	
长尾词	
其他词	

3. 根据商品描述拓展关键词。对实训系统中的商品描述信息进行关键词的拆分，并挑选出与商品相关、符合买家搜索习惯且具有推广的意义的关键词，删掉没有搜索人气的关键词，并将相关关键词填写到表 1–1–3 中。

表 1–1–3　商品描述关键词拓展表

关键词类别	Original PPTV V1 Mobile Phone 5.0 Inch Android 5.1 MT6735P Quad Core Smartphone 16GB 4G FDD–LTE Fingerprint PP5200 Cellphone
核心词	
属性词	
品牌词	
营销词	
长尾词	
其他词	

4. 关键词挖掘与分析整理。在任务操作 1、2、3 获取的关键词基础上，借助实训系统数据分析中的关键词分析工具、速卖通直通车中的关键词分析工具对关键词进行进一步挖掘与拓展，并将关键词进行分析整理，具体任务操作如下：

（1）新建一个 Excel 表格，并将所有的关键词放在 Excel 表格中，以便对关键词进行分析和处理。

（2）删除重复的关键词。利用 Excel “删除重复项”功能，删除重复关键词。

（3）删除不相关的关键词。在挖掘关键词的过程中，往往会找到一些与我们的行业或产品不相关的关键词，例如：任务中的“Original PPTV V1 Mobile Phone 5.0 Inch Android 5.1 MT6735P Quad Core Smartphone 16GB 4G FDD–LTE Fingerprint PP5200 Cellphone”，在进行拆分与挖掘关键词时会出现一些“phone cases”“English site”“iphone 6s”等不相关的关键

词，需要把这部分关键词删除。

（4）关键词分类整理。把挖掘到的关键词按核心词、属性词、品牌词、营销词、长尾词、其他词进行分类整理，以便在后面的实训任务中使用。

（5）带数据的关键词的整理。在一定时间范围内，关键词的搜索人气、点击率、点击率、转化率、竞争指数在一定程度上反映了买家的搜索与购买习惯，可以起到目标市场参考衡量的作用。因此，可以对挖掘到的关键词进行进一步的整理，按照展现量进行排序，筛选并删除搜索人气较低的关键词。用相同的方法，可以筛选并删除点击率较低、转化率较低、市场平均价较高的关键词。

请根据以上任务操作，将挖掘、分析、整理后关键词填写到表 1-1-4 中，关键词数量不少于 500 个。

表 1-1-4　带有数据的关键词

序号	类别	关键词	展现量	点击率	转化率	竞争指数
1						
2						
3						
4						
5						
6						
7						
8						
9						
10						

任务思考

1. 标品爆款商品关键词挖掘中，你觉得哪个环节是最关键的？

____

____

____

____

关键词分类与分析

2. 你还有哪些挖掘标品爆款商品关键词的方法？

____

____

____

____

1.1　高竞争力商品销售行业关键词挖掘（百度）

任务目标

1. 能够掌握高竞争力商品销售行业关键词挖掘的方法
2. 能够通过数据分析，对挖掘的关键词进行分类和整理
3. 能够建立完整的高竞争力商品销售行业关键词词库

任务背景

华为商城是华为旗下面向全国服务的电子商务平台官网，提供正品华为手机（华为 mate10、华为 p10、荣耀 9、荣耀畅玩 7x、麦芒 6、华为 mate9、荣耀 v9、华为 nova2 等）、平板电脑、配件等全新华为产品，品质有保证。

辰辰是华为商城的百度推广负责人，为了能够获得更多免费的自然流量，让店铺流量来源更健康，辰辰决定对华为商城首页进行关键词挖掘，为后面的网站首页 SEO 标题优化，提供一个完整的关键词词库。

任务分析

华为商城的整体经营状况较好，且商品的品质有保证，品牌知名度高，具有广泛的用户群体，属于高竞争力的网站，首页可以适当地添加大词或热门搜索词抢占自然搜索流量。借助实训系统的关键词分析工具对其大词、热门搜索词进行拓展，完成关键词的挖掘与收集。

高竞争力商品销售行业的关键词挖掘应该侧重行业大词、热门搜索词。关键词挖掘完毕后，对关键词进行整理分类和整理，形成最终的关键词词库。

任务操作

1. 对实训系统中的华为商城的标题、关键词、网站描述信息进行关键词的拆分，挑选出与商城相关、符合搜索习惯且具有推广意义的关键词，并将拆分的关键词按类别填写到表 1-1-1 中。

表 1-1-1　网站关键词拆分表

关键词类别	华为商城
核心词	
属性词	
品牌词	
营销词	

续表

关键词类别	华为商城	
长尾词		
其他词		

2. 根据任务操作 1 中拆分的关键词，借助实训系统的关键词分析工具，对表 1–1–1 中的关键词进行搜索，删掉没有搜索人气的关键词，并将相关关键词填写到表 1–1–2 中。

表 1–1–2　关键词整理表

关键词类别	华为商城	
核心词		
属性词		
品牌词		
营销词		
长尾词		
其他词		

3. 关键词挖掘与分析整理。在任务操作 2 获取的关键词基础上，借助实训系统中的关键词分析工具对关键词进行进一步挖掘与拓展，并将关键词进行分析整理，具体任务操作如下：

（1）新建一个 Excel 表格，并将搜索到的所有关键词放在 Excel 表格中，以便对关键词进行分析和处理。

（2）删除重复的关键词。利用 Excel“删除重复项”功能，删除重复关键词。

（3）删除不相关的关键词。在挖掘关键词的过程中，往往会找到一些与网店的行业或产品不相关的关键词，例如：任务中华为商城的主营商品为华为手机（华为 mate10、华为 p10、荣耀 9、荣耀畅玩 7x、麦芒 6、华为 mate9、荣耀 v9、华为 nova2 等）、平板电脑、配件等全新华为产品，在进行关键词的挖掘过程中会找到一些“手机维修”“电脑维修”“手机直播”等不相关的关键词，需要把这部分关键词删除。

（4）关键词分类整理。把挖掘到的关键词按核心词、属性词、品牌词、营销词、长尾词、其他词进行分类整理，以便在后面的实训任务中使用。

（5）带数据的关键词的整理。在一定时间范围内，关键词的展现量、点击率、推荐出价、推荐原因在一定程度上反映了用户的搜索习惯，可以起到目标市场参考衡量的作用。因此，可以对挖掘到的关键词进行进一步的整理，按照展现量进行排序，筛选并删除展现量较低的关键词。用相同的方法，可以筛选出并删除点击率较低的关键词。

请根据以上任务操作，将挖掘、分析、整理后关键词填写到表 1–1–3 中，关键词数量不少于 500 个。

表 1-1-3　带有数据的关键词

序号	类别	关键词	展现量	点击率	转化率	竞争指数
1						
2						
3						
4						
5						
6						
7						
8						
9						
10						

任务思考

1. 高竞争力商品销售行业关键词挖掘中，你觉得哪个环节是最关键的？

关键词挖掘

2. 你还有哪些挖掘高竞争力商品销售行业关键词的方法？

1.2　标品新品 / 滞销品关键词挖掘（淘宝）

任务目标

1. 能够掌握标品新品 / 滞销品关键词挖掘的方法
2. 能够根据标品新品 / 滞销品特性进行关键词挖掘
3. 能够通过数据分析，对挖掘的关键词进行分类和整理
4. 能够建立完整的标品新品 / 滞销品关键词词库

任务背景

小雅是一家 3C 数码配件网店的淘宝推广负责人，最近店铺内新上了几款新品，因为有店内爆款商品的引流，这些商品上架不久便销量破零，但是直接通过自然搜索购买的用户却非常少。

为了能够让店铺内的新品“超薄小巧便携苹果专用移动电源无线迷 10 000 毫安大容量”尽快获得自然搜索流量，小雅需要为该商品挖掘精准的关键词并建立一个完整的关键词词库。

任务分析

该任务背景介绍的商品为标品新品，对标品新品进行关键词挖掘，需要对商品的标题、属性和商品描述进行分析，通过拆分关键词等手段找出商品的核心词、属性词、品牌词、营销词、长尾词、其他词等商品相关词，并借助实训系统数据分析中的关键词分析工具对该商品的核心词、属性词进行拓展，完成关键词的挖掘与收集。

标品新品的关键词挖掘应该侧重营销词与长尾词等竞争力相对较小的词。关键词挖掘完毕后，对关键词进行整理分类，形成最终的关键词词库。

任务操作

1. 根据拆分词原则对标题进行关键词拆分，并将拆分的关键词按类别填写到表 1-1-5 中。

表 1-1-5　标题分词表

关键词类别	超薄小巧便携苹果专用移动电源无线迷 10 000 毫安大容量
核心词	
属性词	
品牌词	
营销词	
长尾词	
其他词	

2. 根据实训系统中的商品属性拓展关键词，并将关键词填写到表 1–1–6 中。

表 1–1–6　商品属性关键词拓展表

关键词类别	超薄小巧便携苹果专用移动电源无线迷 10 000 毫安大容量
核心词	
属性词	
品牌词	
营销词	
长尾词	
其他词	

3. 根据商品描述拓展关键词。对实训系统中的商品描述信息进行关键词的拆分，并挑选出与商品相关、符合买家搜索习惯且具有推广的意义的关键词。借助行业热搜词、Top20 W 词库等工具，删掉没有搜索人气的关键词。并将关键词填写到表 1–1–7 中。

表 1–1–7　商品描述关键词拓展表

关键词类别	超薄小巧便携苹果专用移动电源无线迷 10 000 毫安大容量
核心词	
属性词	
品牌词	
营销词	
长尾词	
其他词	

4. 关键词挖掘与分析整理。在任务操作 1、2、3 获取的关键词基础上，借助实训系统数据分析中的关键词分析工具、直通车中的关键词分析工具对关键词进行进一步挖掘与拓展，并将关键词进行分析整理，具体任务操作如下：

（1）新建一个 Excel 表格，并将所有的关键词放在 Excel 表格中，以便对关键词进行分析和处理。

（2）删除重复的关键词。利用 Excel“删除重复项”功能，删除重复关键词。

（3）删除不相关的关键词。在挖掘关键词的过程中，往往会找到一些与网店的行业或产品不相关的关键词，例如：任务中的“超薄小巧便携苹果专用移动电源”，拆分与挖掘关键词时会出现一些“华为手机”“手机壳”“小米专用”等不相关的关键词，需要把这部分关键词删除。

（4）关键词分类整理。把挖掘到的关键词按核心词、属性词、品牌词、营销词、长尾词、其他词进行分类整理，以便在后面的实训任务中使用。

（5）带数据的关键词的整理。在一定时间范围内，关键词的搜索人气、点击率、点击量、成交量、转化率在一定程度上反映了买家的搜索与购买习惯，可以起到市场参考衡量的作用。因此，可以对挖掘到的关键词进行进一步的整理，按照展现量进行排序，筛选并删除搜索人气较低的关键词。用相同的方法，可以筛选出并删除点击率较低、转化率较低、市场平均价较高的关键词。

请根据以上任务操作，将挖掘、分析、整理后关键词填写到表 1-1-8 中，关键词数量不少于 500 个。

表 1-1-8　带有数据的关键词

序号	类别	关键词	展现量	点击率	转化率	竞争指数
1						
2						
3						
4						
5						
6						
7						
8						
9						
10						

任务思考

1. 标品新品 / 滞销品关键词挖掘中，你觉得哪个环节是最关键的？

2. 非标品新品 / 滞销品关键词挖掘与标品新品 / 滞销品、标品爆款、非标品爆款商品关键词挖掘有什么区别？

3. 你还有哪些挖掘标品新品 / 滞销品关键词的方法？

1.2 标品新品 / 滞销品关键词挖掘（速卖通）

任务目标

1. 能够掌握标品新品 / 滞销品关键词挖掘的方法
2. 能够根据商品特性进行关键词挖掘
3. 能够通过数据分析，对挖掘的关键词进行分类和整理
4. 能够建立完整的关键词词库

任务背景

Mary 是一家手机配件网店的速卖通推广负责人，最近店铺内新上了几款新品，因为有店内爆款商品的引流，这些商品上架不久便销量破零，但是直接通过自然搜索购买的用户却非常少。

为了能够让店铺内的新品“AGM X1 Waterproof Mobile Phone Android 6.0 Snapdragon 617 Octa-core 4GB 64GB 5.5 Inch Cellphone”尽快获得自然搜索流量，Mary 需要为该商品挖掘精准的关键词并建立一个完整的关键词词库。

任务分析

该任务背景介绍的商品为标品新品，对标品新品进行关键词挖掘，需要对商品的标题、属性和商品描述进行分析，通过拆分关键词等手段找出商品的核心词、属性词、品牌词、营销词、长尾词、其他词等商品相关词，并借助实训系统数据分析中的关键词分析工具对该商品的核心词、属性词进行拓展，完成关键词的挖掘与收集。

标品新品的关键词挖掘应该侧重营销词与长尾词等竞争力相对较小的词。关键词挖掘完毕后，对关键词进行整理分类和整理，形成最终的关键词词库。

任务操作

1. 根据拆分词原则对标题进行关键词拆分，并将拆分的关键词按类别填写到表 1-1-5 中。

表 1-1-5 标题分词表

关键词类别	AGM X1 Waterproof Mobile Phone Android 6.0 Snapdragon 617 Octa-core 4GB 64GB 5.5 Inch Cellphone
核心词	
属性词	
品牌词	
营销词	

续表

关键词类别	AGM X1 Waterproof Mobile Phone Android 6.0 Snapdragon 617 Octa-core 4GB 64GB 5.5 Inch Cellphone
长尾词	
其他词	

2. 根据实训系统中的商品属性拓展关键词，并将相关关键词填写到表 1-1-6 中。

表 1-1-6　商品属性关键词拓展表

关键词类别	AGM X1 Waterproof Mobile Phone Android 6.0 Snapdragon 617 Octa-core 4GB 64GB 5.5 Inch Cellphone
核心词	
属性词	
品牌词	
营销词	
长尾词	
其他词	

3. 根据商品描述拓展关键词。对实训系统中的商品描述信息进行关键词的拆分，并挑选出与商品相关、符合买家搜索习惯且具有推广的意义的关键词，删掉没有搜索人气的关键词，并将相关关键词填写到表 1-1-7 中。

表 1-1-7　商品描述关键词拓展表

关键词类别	AGM X1 Waterproof Mobile Phone Android 6.0 Snapdragon 617 Octa-core 4GB 64GB 5.5 Inch Cellphone
核心词	
属性词	
品牌词	
营销词	
长尾词	
其他词	

4. 关键词挖掘与分析整理。在任务操作 1、2、3 获取的关键词基础上，借助实训系统数据分析中的关键词分析工具、速卖通直通车中的关键词分析工具对关键词进行进一步挖掘与拓展，并将关键词进行分析整理，具体任务操作如下：

（1）新建一个 Excel 表格，并将所有的关键词放在 Excel 表格中，以便对关键词进行分析和处理。

（2）删除重复的关键词。利用 Excel“删除重复项”功能，删除重复关键词。

（3）删除不相关的关键词。在挖掘关键词的过程中，往往会找到一些与网店的行业或产品不相关的关键词，例如：任务中的“AGM X1 Waterproof Mobile Phone Android 6.0 Snapdragon 617 Octa-core 4GB 64GB 5.5 Inch Cellphone”，拆分与挖掘关键词时会出现一些“phone cases”“English site”“iphone 6s”等不相关的关键词，需要把这部分关键词删除。

（4）关键词分类整理。把挖掘到的关键词按核心词、属性词、品牌词、营销词、长尾词、其他词进行分类整理，以便在后面实训任务使用。

（5）带数据的关键词的整理。在一定时间范围内，关键词的搜索人气、点击率、点击量、成交量、转化率在一定程度上反映了买家的搜索与购买习惯，可以起到市场参考衡量的作用。因此，可以对挖掘到的关键词进行进一步的整理，按照展现量进行排序，筛选并删除搜索人气较低的关键词。用相同的方法，可以筛选并删除点击率较低、转化率较低、市场平均价较高的关键词。

请根据以上任务操作，将挖掘、分析、整理后关键词填写到表 1-1-8 中，关键词数量不少于 500 个。

表 1-1-8　带有数据的关键词

序号	类别	关键词	展现量	点击率	转化率	竞争指数
1						
2						
3						
4						
5						
6						
7						
8						
9						
10						

任务思考

1. 标品新品 / 滞销品关键词挖掘中，你觉得哪个环节是最关键的？

2. 非标品新品 / 滞销品关键词挖掘与标品新品 / 滞销品、标品爆款、非标品爆款商品关键词挖掘有什么区别？

3. 你还有哪些挖掘标品新品 / 滞销品关键词的方法？

1.2　低竞争力商品销售行业关键词挖掘（百度）

任务目标

1. 能够掌握低竞争力商品销售行业关键词挖掘的方法
2. 能够根据低竞争力商品销售行业特性进行关键词挖掘
3. 能够通过数据分析，对挖掘的关键词进行分类和整理
4. 能够建立完整的低竞争力商品销售行业关键词词库

任务背景

三际数码官方旗舰店是由品牌官方企业运营或授权的官网旗舰店，所有商品保证正品无假货。由于前期网站 SEO 不合理，网站竞争力低，通过自然搜索进入网站的用户占比非常少。

辰辰是三际数码官方旗舰店的百度推广负责人，为了能尽快提高自然搜索流量，提高网站竞争力，辰辰决定对三际数码官方旗舰店的网站关键词进行挖掘分析，并建立一个完整的关键词词库。

任务分析

经过分析，辰辰了解到“三际数码官方旗舰店”网站的竞争力较弱，网页标题优化的难度也相对较大，而对于此类网站，可以通过付费推广的方式适当地改善网站流量数据，然后再争取自然流量。若没有条件改善网站流量数据，在进行标题优化时，可通过添加精准关键词或产品词、提高相关度的方法获得自然搜索排名。关键词挖掘完毕后，对关键词进行整理分类，形成最终的关键词词库。

任务操作

1. 对实训系统中的三际数码官方旗舰店的标题、关键词、网站描述信息进行关键词的拆分，并挑选出与商城相关、符合搜索习惯且具有推广的意义的关键词填入表 1-1-4 中。

表 1-1-4　网站关键词拆分表

关键词类别	三际数码官方旗舰店
核心词	
属性词	
品牌词	
营销词	
长尾词	
其他词	

2. 根据任务操作 1 中的关键词，借助实训系统的关键词分析工作，对表 1–4 中的关键词进行搜索，删掉没有搜索人气的关键词，并将关键词填写到表 1–1–5 中。

表 1–1–5 关键词整理表

关键词类别	三际数码官方旗舰店
核心词	
属性词	
品牌词	
营销词	
长尾词	
其他词	

3. 关键词挖掘与分析整理。在任务操作 1、2 获取的关键词基础上，借助实训系统中的关键词分析工具对关键词进行进一步挖掘与拓展，并将关键词进行分析整理，具体任务操作如下：

（1）新建一个 Excel 表格，并将搜索到的所有关键词放在 Excel 表格中，以便对关键词进行分析和处理。

（2）删除重复的关键词。利用 Excel“删除重复项”功能，删除重复关键词。

（3）删除不相关的关键词。在挖掘关键词的过程中，往往会找到一些与我们的行业或产品不相关的关键词，例如：任务中三际数码官方旗舰店主营商品为华为、小米、荣耀、vivo 等品牌的手机，在进行关键词挖掘时会出现“手机支架”“手机壳”“手机维修”等不相关的关键词，需要将这部分关键词删除。

（4）关键词分类整理。把挖掘到的关键词按核心词、属性词、品牌词、营销词、长尾词、其他词进行分类整理，以便在后面的实训任务中使用。

（5）带数据的关键词的整理。在一定时间范围内，关键词的展现量、点击率、推荐出价、推荐原因在一定程度上反映了用户的搜索习惯，可以起到目标市场参考衡量的作用。因此，可以对挖掘到的关键词进行进一步的整理，按照展现量进行排序，筛选并删除展现量较低的关键词。用相同的方法，可以筛选出并删除点击率较低的关键词。

请根据以上任务操作，将挖掘、分析、整理后关键词填写到表 1–1–6 中，关键词数量不少于 500 个。

表 1–1–6 带有数据的关键词

序号	类别	关键词	展现量	点击率	转化率	竞争指数
1						
2						

续表

序号	类别	关键词	展现量	点击率	转化率	竞争指数
3						
4						
5						
6						
7						
8						
9						
10						

任务思考

1. 低竞争力商品销售行业关键词挖掘中，你觉得哪个环节是最关键的？

2. 你还有哪些挖掘低竞争力商品销售行业关键词的方法？

1

1.3 非标品爆款关键词挖掘（淘宝）

任务目标

1. 能够掌握非标品爆款关键词挖掘的方法
2. 能够根据商品特性进行关键词挖掘
3. 能够通过数据分析，对挖掘的关键词进行分类和整理
4. 能够建立完整的关键词词库

任务背景

小雅是一家皇冠女装的淘宝推广负责人，店铺内主打的爆款商品为一款连衣裙，商品的名称为“海边度假雪纺连衣裙女装新款潮流裙子夏季高腰法式淑女裙子”。商品的详细属性和描述，可以在实训系统数据分析模块中查看。

为了能够顺利开展后期该爆款商品的直通车推广与标题 SEO 优化，小雅需要为该商品挖掘精准的关键词并建立一个完整的关键词词库。

任务分析

该任务背景介绍的商品为非标品爆款商品，对非标品爆款商品进行关键词挖掘，需要对商品的标题、属性和商品描述进行分析，通过拆分关键词等手段找出商品的核心词、属性词、品牌词、营销词、长尾词等商品相关词，借助实训系统数据分析中的关键词分析工具对该商品的核心词、属性词进行拓展，完成关键词的挖掘与收集。

非标品爆款的关键词挖掘应该侧重行业热词、类目词、属性词、核心词、营销词。关键词挖掘完毕后，对关键词进行整理分类和整理，形成最终的关键词词库。

任务操作

1. 根据拆分词原则对标题进行关键词拆分，并将拆分的关键词按类别填写到表 1–1–9 中。

表 1–1–9　标题分词表

关键词类别	海边度假雪纺连衣裙女装新款潮流裙子夏季高腰法式淑女裙子
核心词	
属性词	
品牌词	
营销词	
长尾词	
其他词	

2. 根据实训系统中的商品属性拓展关键词，并将关键词填写到表 1–1–10 中。

表 1–1–10　商品属性关键词拓展表

关键词类别	海边度假雪纺连衣裙女装新款潮流裙子夏季高腰法式淑女裙子
核心词	
属性词	
品牌词	
营销词	
长尾词	
其他词	

3. 根据商品描述拓展关键词。对实训系统中的商品描述信息进行关键词的拆分，并挑选出与商品相关、符合买家搜索习惯且具有推广的意义的关键词。借助行业热搜词、Top20 W 词库等工具，删掉没有搜索人气的关键词。并将关键词填写到表 1–1–11 中。

表 1–1–11　商品描述关键词拓展表

关键词类别	海边度假雪纺连衣裙女装新款潮流裙子夏季高腰法式淑女裙子
核心词	
属性词	
品牌词	
营销词	
长尾词	
其他词	

4. 关键词挖掘与分析整理。在任务操作 1、2、3 获取的关键词基础上，借助实训系统数据分析中的关键词分析工具、直通车中的关键词分析工具对关键词进行进一步挖掘与拓展，并将关键词进行分析整理，具体任务操作如下：

（1）新建一个 Excel 表格，并将所有的关键词放在 Excel 表格中，以便对关键词进行分析和处理。

（2）删除重复的关键词。利用 Excel“删除重复项”功能，删除重复关键词。

（3）删除不相关的关键词。在挖掘关键词的过程中，往往会找到一些与我们的行业或产品不相关的关键词，例如：任务中的“女装雪纺连衣裙”，拆分与挖掘关键词时会出现一些“夏季鞋子”“套装”“工作服”等不相关的关键词，需要把这部分关键词删除。

（4）关键词分类整理。把挖掘到的关键词按核心词、属性词、品牌词、营销词、长尾词、其他词进行分类整理，以便在后面的实训任务中使用。

（5）带数据的关键词的整理。在一定时间范围内，关键词的搜索人气、点击率、点击量、成交量、转化率在一定程度上反映了买家的搜索与购买习惯，可以起到目标市场参考衡量的作用。因此，可以对挖掘到的关键词进行进一步的整理，按照展现量进行排序，筛选并删除搜索人气较低的关键词。用相同的方法，可以筛选出并删除点击率较低、转化率较低、市场平均价较高的关键词。

请根据以上任务操作，将挖掘、分析、整理后关键词填写到表 1–1–12 中，关键词数量不少于 500 个。

表 1–1–12　带有数据的关键词

序号	类别	关键词	展现量	点击率	转化率	竞争指数
1						
2						
3						
4						
5						
6						
7						
8						
9						
10						

任务思考

1. 非标品爆款商品关键词挖掘中，你觉得哪个环节是最关键的？

____

____

____

____

2. 非标品爆款商品关键词挖掘与标品爆款商品、非标品新品 / 滞销品、标品新品 / 滞销品关键词挖掘有什么区别？

____

____

____

____

1

3. 你还有哪些挖掘非标品爆款商品关键词的方法？

1.3　非标品爆款关键词挖掘（速卖通）

任务目标

1. 能够掌握非标品爆品关键词挖掘的方法
2. 能够根据商品特性进行关键词挖掘
3. 能够通过数据分析，对挖掘的关键词进行分类和整理
4. 能够建立完整的关键词词库

任务背景

Mary 是一家女装网店的速卖通推广负责人，店铺内主打的爆款商品为一款雪纺衫/衬衫，商品的名称为“New Blouse Women Casual Striped Top Shirts Blouses Female Loose Blusas Autumn Fall Casual Ladies Office Blouses Top Sexy”。商品的详细属性和描述，可以在实训系统数据分析模块中查看。

为了能够顺利开展后期该爆款商品的直通车推广，Mary 需要为该商品挖掘精准的关键词并建立一个完整的关键词词库。

任务分析

该任务背景介绍的商品为非标品爆款，对非标品爆款的商品进行关键词挖掘，挖掘渠道和任务操作与其他商品类似，都需要先对商品标题、属性和商品详情进行分析，通过拆分关键词等手段找出关键词的核心词、属性词、营销词等，结合速卖通下拉推荐、生意参谋对该商品的核心词、属性词进行补充扩充，完成关键词的挖掘与收集。

非标品爆款的关键词挖掘应该侧重行业热词、类目词、核心词。关键词挖掘完毕后，对关键词进行整理分类和筛选，最终形成的关键词词库。

任务操作

1. 根据拆分词原则对标题进行关键词拆分，并将拆分的关键词按类别填写到表 1-1-9 中。

表 1-1-9　标题分词表

关键词类别	New Blouse Women Casual Striped Top Shirts Blouses Female Loose Blusas Autumn Fall Casual Ladies Office Blouses Top Sexy
核心词	
属性词	
品牌词	
营销词	

续表

关键词类别	New Blouse Women Casual Striped Top Shirts Blouses Female Loose Blusas Autumn Fall Casual Ladies Office Blouses Top Sexy	
长尾词		
其他词		

2. 根据速卖通推广实训系统中的商品属性拓展关键词，并将关键词填写到表1-1-10中。

表 1-1-10　商品属性关键词拓展表

关键词类别	New Blouse Women Casual Striped Top Shirts Blouses Female Loose Blusas Autumn Fall Casual Ladies Office Blouses Top Sexy	
核心词		
属性词		
品牌词		
营销词		
长尾词		
其他词		

3. 根据商品描述拓展关键词。对实训系统中的商品描述信息进行关键词的拆分，并挑选出与商品相关、符合买家搜索习惯且具有推广的意义的关键词。删掉没有搜索人气的关键词，并将关键词填写到表1-1-11中。

表 1-1-11　商品描述关键词拓展表

关键词类别	New Blouse Women Casual Striped Top Shirts Blouses Female Loose Blusas Autumn Fall Casual Ladies Office Blouses Top Sexy	
核心词		
属性词		
品牌词		
营销词		
长尾词		
其他词		

4. 关键词挖掘与分析整理。在任务操作1、2、3获取的关键词基础上，借助实训系统数据分析中的关键词分析工具、直通车中的关键词分析工具对关键词进行进一步挖掘与拓展，并将关键词进行分析整理，具体任务操作如下：

（1）新建一个 Excel 表格，并将所有的关键词放在 Excel 表格中，以便对关键词进行分析和处理。

（2）删除重复的关键词。利用 Excel“删除重复项”功能，删除重复关键词。

（3）删除不相关的关键词。在挖掘关键词的过程中，往往会找到一些与网店的行业或商品不相关的关键词，如：任务中的“Women Striped Blouses”，拆分与挖掘关键词时会出现一些“jacket”“bodysuit”“off shoulder”等不相关的关键词，需要把这部分关键词删除。

（4）关键词分类整理。把挖掘到的关键词按核心词、属性词、品牌词、营销词、长尾词、其他词进行分类整理，以便在后面的实训任务中使用。

（5）带数据的关键词的整理。在一定时间范围内，关键词的搜索人气、点击率、点击量、成交量、转化率在一定程度上反映了买家的搜索与购买习惯，可以起到市场参考衡量的作用。因此，可以对挖掘到的关键词进行进一步的整理，按照展现量进行排序，筛选并删除搜索人气较低的关键词。用相同的方法，可以筛选出并删除点击率较低、转化率较低、市场平均价较高的关键词。

请根据以上任务操作，将挖掘、分析、整理后关键词填写到表 1-1-12 中，关键词数量不少于 500 个。

表 1-1-12　带有数据的关键词

序号	类别	关键词	展现量	点击率	转化率	竞争指数
1						
2						
3						
4						
5						
6						
7						
8						
9						
10						

任务思考

1. 非标品爆款商品关键词挖掘中，你觉得哪个环节是最关键的？

____

____

____

____

2. 非标品爆款商品关键词挖掘与标品爆款商品、非标品新品 / 滞销品、标品新品 / 滞销品关键词挖掘有什么区别？

____

____

____

____

3. 你还有哪些挖掘非标品爆款商品关键词的方法？

____

____

____

____

1.4　非标品新品 / 滞销品关键词挖掘（淘宝）

任务目标

1. 能够掌握非标品新品 / 滞销品关键词挖掘的方法
2. 能够根据商品特性进行关键词挖掘
3. 能够通过数据分析，对挖掘的关键词进行分类和整理
4. 能够建立完整的关键词词库

任务背景

小雅是一家皇冠女装网店的淘宝推广负责人，进入四月份，连衣裙即将迎来销售旺季。店铺内最近新上了很多新品，依靠店内的老客户，很多新品都获得了基础销量，但是通过自然搜索下单成交的客户却寥寥无几。

为了能够让店铺内的新品“百驼真丝连衣裙春夏新款杭州大牌直筒桑蚕丝印花长裙”提高自然搜索下单成交量，小雅需要为该商品挖掘精准的关键词并建立一个完整的关键词词库，为后期对该商品进行 SEO 优化做好准备工作。

任务分析

该任务背景介绍的商品为非标品新品，对非标品新品进行关键词挖掘，需要对商品的标题、属性和商品描述进行分析，通过拆分关键词等手段找出商品的核心词、属性词、品牌词、营销词、长尾词等商品相关词，并借助实训系统数据分析中的关键词分析工具对该商品的核心词、属性词进行拓展，完成关键词的挖掘与收集。

非标品新品的关键词挖掘应该侧重营销词与长尾词等竞争力相对较小的词。关键词挖掘完毕后，对关键词进行整理分类，形成最终的关键词词库。

任务操作

1. 根据拆分词原则对标题进行关键词拆分，并将拆分的关键词按类别填写到表 1-1-13 中。

表 1-1-13　标题分词表

关键词类别	百驼真丝连衣裙春夏新款杭州大牌直筒桑蚕丝印花长裙
核心词	
属性词	
品牌词	
营销词	

续表

关键词类别	百驼真丝连衣裙春夏新款杭州大牌直筒桑蚕丝印花长裙
长尾词	
其他词	

2. 根据实训系统中的商品属性拓展关键词，并将关键词填写到表 1-1-14 中。

表 1-1-14　商品属性关键词拓展表

关键词类别	百驼真丝连衣裙春夏新款杭州大牌直筒桑蚕丝印花长裙
核心词	
属性词	
品牌词	
营销词	
长尾词	
其他词	

3. 根据商品描述拓展关键词。对实训系统中的商品描述信息进行关键词的拆分，并挑选出与商品相关、符合买家搜索习惯且具有推广的意义的关键词。借助行业热搜词、Top20 W 词库等工具，删掉没有搜索人气的关键词，并将关键词填写到表 1-1-15 中。

表 1-1-15　商品描述关键词拓展表

关键词类别	百驼真丝连衣裙春夏新款杭州大牌直筒桑蚕丝印花长裙
核心词	
属性词	
品牌词	
营销词	
长尾词	
其他词	

4. 关键词挖掘与分析整理。在任务 1、2、3 获取的关键词基础上，借助实训系统数据分析中的关键词分析工具、直通车中的关键词分析工具对关键词进行进一步挖掘与拓展，并将关键词进行分析整理，具体任务操作如下：

（1）新建一个 Excel 表格，并将所有的关键词放在 Excel 表格中，以便对关键词进行分析和处理。

（2）删除重复的关键词。利用 Excel“删除重复项”功能，删除重复关键词。

（3）删除不相关的关键词。在挖掘关键词的过程中，往往会找到一些与我们的行业或产品不相关的关键词，例如：任务中的“百驼真丝连衣裙桑蚕丝印花长裙”，拆分与挖掘关键词时会出现一些“短裙”“纯色连衣裙”“纯棉”等不相关的关键词，需要把这部分关键词删除。

（4）关键词分类整理。把挖掘到的关键词按核心词、属性词、品牌词、营销词、长尾词、其他词进行分类整理，以便在后面的实训任务中使用。

（5）带数据的关键词的整理。在一定时间范围内，关键词的搜索人气、点击率、点击量、成交量、转化率在一定程度上反映了买家的搜索与购买习惯，可以起到市场参考衡量的作用。因此，可以对挖掘到的关键词进行进一步的整理，按照展现量进行排序，筛选并删除搜索人气较低的关键词。用相同的方法，可以筛选出并删除点击率较低、转化率较低、市场平均价较高的关键词。

请根据以上任务操作，将挖掘、分析、整理后关键词填写到表 1–1–16 中，关键词数量不少于 500 个。

表 1–1–16　带有数据的关键词

序号	类别	关键词	展现量	点击率	转化率	竞争指数
1						
2						
3						
4						
5						
6						
7						
8						
9						
10						

任务思考

1. 非标品新品 / 滞销品关键词挖掘中，你觉得哪个环节是最关键的？

____

____

____

____

1

2. 非标品新品 / 滞销品关键词挖掘与标品新品 / 滞销品、标品爆款商品、非标品爆款商品关键词挖掘有什么区别？

____

3. 你还有哪些挖掘非标品新品 / 滞销品关键词的方法？

1.4　非标品新品 / 滞销品关键词挖掘（速卖通）

任务目标

1. 能够掌握非标品新品 / 滞销品关键词挖掘的方法
2. 能够根据商品特性进行关键词挖掘
3. 能够通过数据分析，对挖掘的关键词进行分类和整理
4. 能够建立完整的关键词词库

任务背景

Mary 是一家女装网店的速卖通推广负责人，进入四月份，雪纺衫 / 衬衫即将迎来销售旺季。店铺内最近新上了很多新品，依靠店内的老客户，很多新品都获得了基础销量，但是通过自然搜索下单成交的客户却寥寥无几。

为了能够让店铺内的新品“Fashion Women Casual Tops O Neck Ladies Baggy Shirt Blouse Loose Lantern Sleeve Ploka Dot Chiffon Elegant Holiday Clothes”提高自然搜索下单成交量，Mary 需要为该商品挖掘精准的关键词并建立一个完整的关键词词库，为后期对该商品进行 SEO 优化做好准备工作。

任务分析

任务背景介绍的商品为非标品新商品，对非标品新品进行关键词挖掘，需要对商品的标题、属性和商品描述进行分析，通过拆分词等手段找出商品的核心词、属性词、品牌词、营销词、长尾词等商品相关词，并借助实训系统数据分析中的关键词分析工具对该商品的核心词、属性词进行拓展，完成关键词的挖掘与收集。

非标品新品的关键词挖掘应该侧重于营销词与长尾词等竞争力相对较小的词。关键词挖掘完毕后，对关键词进行整理分类，形成最终的关键词词库。

任务操作

1. 根据拆分关键词原则对标题进行关键词拆分，并将拆分的关键词按类别填写到表 1-1-13 中。

表 1-1-13　标题分词表

关键词类别	Fashion Women Casual Tops O Neck Ladies Baggy Shirt Blouse Loose Lantern Sleeve Ploka Dot Chiffon Elegant Holiday Clothes
核心词	
属性词	

续表

关键词类别	Fashion Women Casual Tops O Neck Ladies Baggy Shirt Blouse Loose Lantern Sleeve Ploka Dot Chiffon Elegant Holiday Clothes	
品牌词		
营销词		
长尾词		
其他词		

2. 根据实训系统中的商品属性拓展关键词，并将关键词填写到表 1–1–14 中。

表 1–1–14　商品属性关键词拓展表

关键词类别	Fashion Women Casual Tops O Neck Ladies Baggy Shirt Blouse Loose Lantern Sleeve Ploka Dot Chiffon Elegant Holiday Clothes	
核心词		
属性词		
品牌词		
营销词		
长尾词		
其他词		

3. 根据商品描述拓展关键词。对实训系统中的商品描述信息进行关键词的拆分，并挑选出与商品相关、符合买家搜索习惯且具有推广的意义的关键词。借助行业热搜词、Top20 W 词库等工具，删掉没有搜索人气的关键词，并将关键词填写到表 1–1–15 中。

表 1–1–15　商品描述关键词拓展表

关键词类别	Fashion Women Casual Tops O Neck Ladies Baggy Shirt Blouse Loose Lantern Sleeve Ploka Dot Chiffon Elegant Holiday Clothes	
核心词		
属性词		
品牌词		
营销词		
长尾词		
其他词		

4. 关键词挖掘与分析整理。在任务 1、2、3 获取的关键词基础上，借助实训系统数据分析中的关键词分析工具、速卖通直通车中的关键词分析工具对关键词进行进一步挖掘与拓展，并将关键词进行分析整理，具体任务操作如下：

（1）新建一个 Excel 表格，并将所有的关键词放在 Excel 表格中，以便对关键词进行分析和处理。

（2）删除重复的关键词。利用 Excel “删除重复项”功能，删除重复关键词。

（3）删除不相关的关键词。在挖掘关键词的过程中，往往会找到一些与网店的行业或商品不相关的关键词，如：任务中的“Women Tops O Neck Ladies Baggy Shirt”，拆分与挖掘关键词时会出现一些“jacket”“lace blouse”“summer tops”等不相关的关键词，需要把这部分关键词删除。

（4）关键词分类整理。把挖掘到的关键词按核心词、属性词、品牌词、营销词、长尾词、其他词进行分类整理，以便在后面的实训中任务使用。

（5）带数据的关键词的整理。在一定时间范围内，关键词的搜索人气、点击率、点击量、成交量、转化率在一定程度上反映了买家的搜索与购买习惯，可以起到目标市场参考衡量的作用。因此，可以对挖掘到的关键词进行进一步的整理，按照展现量进行排序，筛选并删除搜索人气较低的关键词。用相同的方法，可以筛选并删除点击率较低、转化率较低、市场平均价较高的关键词。

请根据以上任务操作，将挖掘、分析、整理后关键词填写到表 1-1-16 中，关键词数量不少于 500 个。

表 1-1-16　带有数据的关键词

序号	类别	关键词	展现量	点击率	转化率	竞争指数
1						
2						
3						
4						
5						
6						
7						
8						
9						
10						

任务思考

1. 非标品新品 / 滞销品关键词挖掘中，你觉得哪个环节是最关键的？

1

2. 非标品新品 / 滞销品关键词挖掘与标品新品 / 滞销品、标品爆款商品、非标品爆款商品关键词挖掘有什么区别？

3. 你还有哪些挖掘非标品新品 / 滞销品关键词的方法？

任务二　高竞争力链接 SEO 优化

2.1　标品爆款商品标题优化（淘宝）

任务目标

1. 能够从买家搜索习惯的角度分析关键词
2. 能够根据标品爆款商品特征选择合适的关键词进行标题优化
3. 掌握爆款商品标题优化的方法

任务背景

小雅是一家 3C 数码配件网店的淘宝推广负责人，“6 · 18”大促活动之后，店内爆款商品的免费流量占比逐渐降低，通过自然搜索进店的访客数也比往日减少。

为了能够使店内的爆款商品获得更多免费的自然流量，小雅决定对店铺内“ROMOSS/罗马仕 20 000 毫安大容量充电宝便携正品移动电源”标品爆款商品进行标题优化。

任务分析

商品标题优化是对商品的标题进行符合规则化的优化，使之能够在众多同类商品中排名靠前，增加展现量、点击量以提升转化率的过程，是提高商品排名、获取自然搜索流量的重要手段。

本任务主要是从“任务一 关键词挖掘”挖掘的关键词词库中选择关键词组合标题，并从标题长度的控制、关键词分布、关键词词频及关键词组合技巧等维度优化商品标题。

该商品属于标品爆款商品，标品是有明确的规格、型号的商品。用户习惯通过商品的品牌、名称、型号来搜索商品，结合标品与爆款商品的特点，选词时要优先选择强相关性、高搜索人气、品牌词、核心词与型号词等关键词，并将关键词按组合规则进行有效组合，以覆盖更多的用户，以获得更多的自然搜索展现量和点击量。

任务操作

1. 请将表 1–2–1 的标题进行拆分，将拆分后的关键词填写到表 1–2–1 中，关键词之间用“|”隔开。

1

表 1-2-1　商品标题关键词统计表

ROMOSS/ 罗马仕 20 000 毫安大容量充电宝便携正品移动电源	
字符数	
关键词	

2. 请使用实训系统中的搜索排名模块逐一搜索任务操作 1 中的关键词，并根据搜索结果（如图 1-2-1 所示），将本店铺产品的排名填写在表 1-2-2 中。

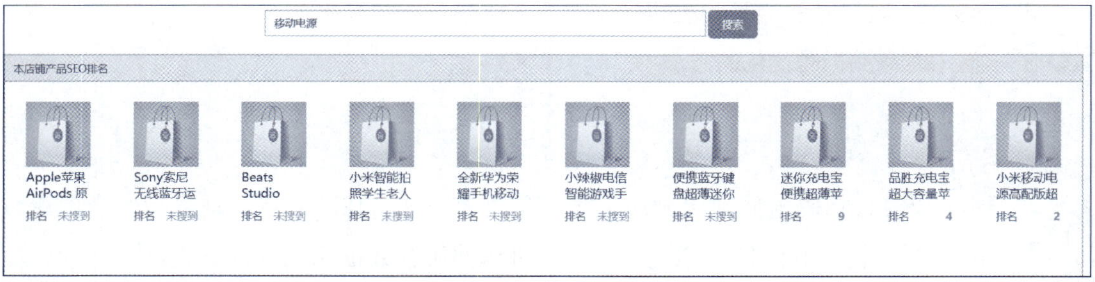

图 1-2-1　搜索排名查询结果

表 1-2-2　商品排名统计表

ROMOSS/ 罗马仕 20 000 毫安大容量充电宝便携正品移动电源	
关键词	搜索排名

3. 请根据商品相关性和任务操作 2 的排名结果，将现有商品标题中不相关的关键词和部分搜索排名较差的关键词剔除，将商品标题填写在表 1-2-3 中。

表 1-2-3　商品标题

商品标题	

4. 为商品标题拓展关键词。本商品属于标品爆款商品，首选该商品的核心词、品牌词和强相关的商品属性词、商品型号等。请在“任务一 关键词挖掘”任务中标品爆款商品关键词词库中选择合适的关键词，并填写到表 1-2-4 中，并说明选择该关键词的原因。

表 1-2-4　关键词拓展表

类别	关键词	选择原因

5. 将任务操作 4 选择的关键词与任务操作 3 中的商品标题进行组合，点击实训系统商品标题优化模块，找到该商品，点击“优化标题”按钮，将组合后的新标题填写到优化标题输入框中，如图 1-2-2 所示。

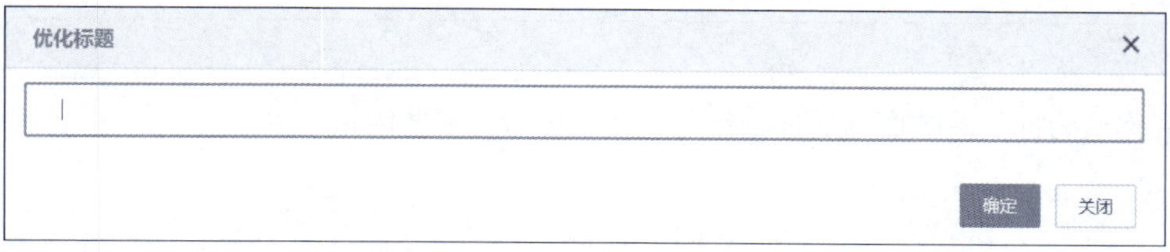

图 1-2-2　实训系统标题优化输入框

6. 借助实训系统的搜索排名查询模块，将新标题中的每个关键词，重新进行排名查询并优化。

（1）通过调换关键词位置和替换关键词，组合新的标题，不断进行优化，并及时记录关键词搜索排名信息。比如，关键词“续航大师移动电源”，经过搜索排名查询后发现，商品的排名为第 61 名，排名相对靠后，但将标题中的“续航大师移动电源”更改为“移动电源 20 000 毫安”，商品的排名为第 4 名，搜索其他关键词，商品排名无变化，因此，在这种情况下，可以用“移动电源 20 000 毫安”替换“续航大师移动电源”。

（2）将标题优化最终结果记录在表 1-2-5 中。

表 1-2-5　新标题关键词搜索排名统计表

商品标题：	
关键词	搜索排名

任务思考

1. 能显著提高标品爆款商品排名的关键词主要是哪些类型？

____

____

____

____

如何优化宝贝标题

2. 你认为标题优化过程中，哪一个决策点对搜索排名影响最大？

3. 你认为标品爆款商品的标题优化，还应该考虑哪些因素？

2.1 标品爆款商品标题优化（速卖通）

任务目标

1. 能够从买家搜索习惯的角度分析关键词

2. 能够根据标品爆款商品特征选择合适的关键词进行标题优化

3. 掌握爆款商品标题优化的方法

任务背景

Mary 是一家 3C 数码配件网店的速卖通推广负责人，“黑色星期五”大促活动之后，店内爆款商品的免费流量占比逐渐降低，通过自然搜索进店的访客数也比往日减少。

为了能够使店内的爆款商品获得更多免费的自然流量，Mary 决定对店铺内“Original PPTV V1 Mobile Phone 5.0 Inch Android 5.1 MT6735P Quad Core Smartphone 16GB 4G FDD-LTE Fingerprint PP5200 Cellphone”爆款商品进行标题优化。

任务分析

商品标题优化是对商品的标题进行符合规则化的优化，使之能够在众多同类商品中排名靠前，增加展现量、点击量以提升转化率的过程，是提高商品排名、获取自然搜索流量的重要手段。

本任务主要是从“任务一 关键词挖掘”任务挖掘的关键词词库中选择关键词组合标题，并从标题长度的控制、关键词分布、关键字词频及关键字组合技巧等维度优化商品标题。

该商品属于标品爆款商品，标品是有明确的规格、型号的商品。用户习惯通过商品的品牌、名称、型号来搜索商品，结合标品与爆款商品的特点，选词时要优先选择强相关性、高搜索人气、品牌词、核心词与型号词等关键词，并将关键词按组合规则进行有效组合，以覆盖更多的用户，获得更多的自然搜索展现量和点击量。

任务操作

1. 请将表 1-2-1 的标题进行拆分，将拆分后的关键词填写到表 1-2-1 中，关键词之间用“|”隔开。

表 1-2-1 商品标题关键词统计表

Original PPTV V1 Mobile Phone 5.0 Inch Android 5.1 MT6735P Quad Core Smartphone 16GB 4G FDD-LTE Fingerprint PP5200 Cellphone	
字符数	
关键词	

2. 请使用实训系统中的搜索排名模块逐一搜索任务操作 1 中的关键词，将本店铺商品排名填写在表 1–2–2 中。

表 1–2–2　商品排名统计表

Original PPTV V1 Mobile Phone 5.0 Inch Android 5.1 MT6735P Quad Core Smartphone 16GB 4G FDD–LTE Fingerprint PP5200 Cellphone	
关键词	搜索排名

3. 请根据商品相关性和任务操作的排名结果，将现有商品标题中不相关的关键词和部分搜索排名较差的关键词剔除，将商品标题填写在表 1–2–3 中。

表 1–2–3　商品标题

商品标题	

4. 为商品标题拓展关键词。本商品属于标品爆款商品，首选该商品的核心词、品牌词和强相关的商品属性词、商品型号等。请从“任务一 关键词挖掘”任务中标品爆款商品关键词词库中选择合适的关键词，并填写到表 1–2–4 中，并说明选择该关键词的原因。

表 1–2–4　关键词拓展表

类别	关键词	选择原因

5. 将任务操作 4 选择的关键词与任务操作 3 中的商品标题进行组合，点击实训系统中的商品标题优化模块，找到该商品，点击“优化标题”按钮，将组合后的新标题，填写到优化标题输入框中，如图 1–2–1 所示。

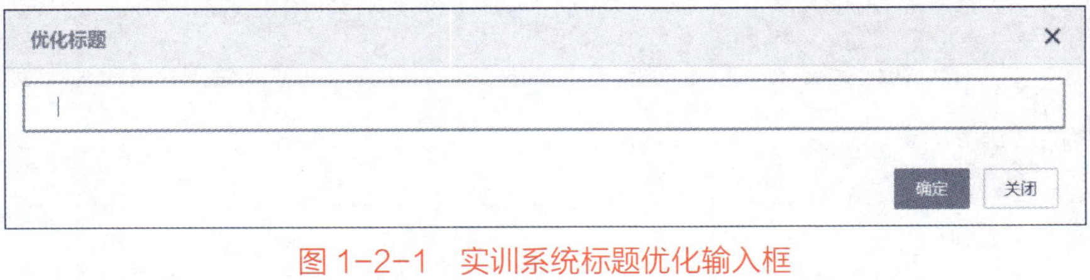

图 1–2–1　实训系统标题优化输入框

6. 借助实训系统的搜索排名查询模块，将新标题中的每个关键词重新进行排名查询并优化。

（1）通过调换关键词位置和替换关键词，组合新的标题，不断进行优化，并及时记录关键词搜索排名信息。

（2）将新标题优化最终结果记录在表 1–2–5 中。

表 1-2-5　新标题关键词搜索排名统计表

商品标题：	
关键词	搜索排名

任务思考

1. 能显著提高标品爆款商品排名的关键词主要是哪些类型？

标题优化

2. 你认为标题优化过程中，哪一个决策点对搜索排名影响最大？

3. 你认为标品爆款商品的标题优化，还应该考虑哪些因素？

2.1　高竞争力商品销售行业标题优化（百度）

任务目标

1. 能够从买家搜索习惯的角度分析关键词
2. 能够根据高竞争力商品销售行业特征选择合适的关键词进行标题优化
3. 掌握高竞争力商品销售行业标题优化的方法

任务背景

华为商城是华为旗下面向全国服务的电子商务平台官网，提供正品华为手机（华为 mate10、华为 p10、荣耀 9、荣耀畅玩 7x、麦芒 6、华为 mate9、荣耀 v9、华为 nova2 等）、平板电脑、配件等全新华为产品，品质有保证。经过一段时间的 SEM 推广，网站获得了大量的流量。

辰辰是华为商城的百度推广负责人，为了能够获得更多免费的自然流量，让店铺流量来源占比更合理，辰辰决定对网站标题进行优化，以提高网站自然搜索排名。

任务分析

网站首页标题优化是对网站的首页标题进行符合规则化的优化，使之能够在众多同类网站中排名靠前。本任务主要是从“任务一 关键词挖掘”任务挖掘的高竞争力商品销售行业关键词词库中选择关键词组合标题，并从标题长度的控制、关键词分布、关键词词频及关键字组合技巧等维度优化网站首页标题。

对于高竞争力网站，选词时要优先选择强相关性、高搜索人气、大词等关键词，并将关键词按组合规则进行有效组合，以覆盖更多的用户，获得更多的自然搜索展现量和点击量。

任务操作

1. 请将表 1-2-1 的标题进行拆分，将拆分后的关键词填写到表 1-2-1 中，关键词之间用“|”隔开。

表 1-2-1　关键词排名统计表

华为商城官网	
关键词	搜索排名

续表

华为商城官网	
关键词	搜索排名

2. 请根据关键词与网站内容的相关性和任务操作 1 的搜索排名结果，将现有网站标题及关键词中不相关的关键词和部分搜索排名较差的关键词剔除，将网站标题、网站关键词填写在表 1–2–2 中。

表 1–2–2　网站标题及关键词

网站标题	
网站关键词	

3. 对网站标题、网站关键词进行拓展。因为华为商城官网属于高竞争力网站，因此多需要添加热门搜索词。请从“任务一 关键词挖掘”任务中高竞争力商品销售行业关键词词库中选择合适的关键词，并填写到表 1–2–3 中，说明选择该关键词的原因。

表 1–2–3　关键词拓展表

类别	关键词	选择原因

4. 将任务操作 3 选择的关键词与任务操作 2 中的网站标题、网站关键词进行组合，点击实训系统商品 SEO 优化模块，找到网站首页，将组合后的新标题、新关键词，填写到标题、关键词输入框中，如图 1–2–1 所示。

图 1–2–1　实训系统网站标题、关键词输入框

5. 借助实训系统的搜索排名查询模块，将网站标题、网站关键词中的每个关键词，重新进行排名查询并优化。

（1）通过调换关键词位置和替换关键词，组合新的标题，不断进行优化，并及时记录关键词搜索排名信息。

（2）将新标题优化最终结果记录在表 1–2–4 中。

表 1–2–4　新标题关键词搜索排名统计表

<table>
<tr><td colspan="2">网站标题：</td></tr>
<tr><td colspan="2">网站关键词：</td></tr>
<tr><td>关键词</td><td>搜索排名</td></tr>
<tr><td></td><td></td></tr>
<tr><td></td><td></td></tr>
<tr><td></td><td></td></tr>
<tr><td></td><td></td></tr>
<tr><td></td><td></td></tr>
<tr><td></td><td></td></tr>
<tr><td></td><td></td></tr>
</table>

任务思考

1. 能显著提高高竞争力商品销售行业排名的关键词主要是哪些类型？

SEO 优化

2. 你认为标题优化过程中，哪一个决策点对搜索排名影响最大？

3. 你认为高竞争力商品销售行业的标题优化，还应该考虑哪些因素？

2.2　非标品爆款商品标题优化（淘宝）

任务目标

1. 能够从买家搜索习惯的角度分析关键词
2. 能够根据非标品爆款商品特征选择合适的关键词进行标题优化
3. 掌握非标品爆款商品标题优化的方法

任务背景

小雅是一家女装网店的淘宝推广负责人，经过 SEM 推广和信息流推广，店铺新增了多个爆款，但一段时间后，店内爆款商品的免费流量占比逐渐降低，通过自然搜索进店的访客数比往日减少。

为了能够使店内的爆款商品获得更多免费的自然流量，小雅决定对店铺内“海边度假雪纺连衣裙女装新款潮流裙子夏季高腰法式淑女裙子”非标品爆款商品进行标题优化。

任务分析

商品标题优化是对商品的标题进行符合规则的优化，使之能够在众多同类商品中排名靠前，增加展现量、点击量以提升转化率的过程，是提高商品排名、获取自然搜索流量的重要手段。

本任务主要是从“任务一 关键词挖掘”任务挖掘的非标品爆款商品关键词词库中选择关键词组合标题，并从标题长度的控制、关键词分布、关键字词频及关键字组合技巧等维度优化商品标题。

非标品爆款选词时要优先选择强相关性、高搜索人气、款式词与风格词等关键词，并将关键词按组合规则进行有效组合，以覆盖更多的用户，获得更多的自然搜索展现量和点击量。

任务操作

1. 请将表 1–2–6 的标题进行拆分，将拆分后的关键词填写到表 1–2–6 中，关键词之间用“|”隔开。

表 1–2–6　商品标题关键词统计表

	海边度假雪纺连衣裙女装新款潮流裙子夏季高腰法式淑女裙子
字符数	
关键词	

2. 请使用实训系统中的搜索排名模块逐一搜索任务操作 1 中的关键词，并根据搜索结

果（如图 1–2–3 所示），将本店铺的商品排名填写在表 1–2–7 中。

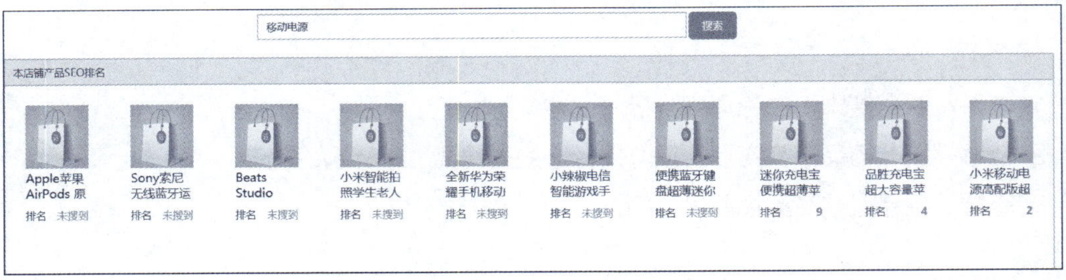

图 1–2–3　搜索排名查询结果

表 1–2–7　商品排名统计表

海边度假雪纺连衣裙女装新款潮流裙子夏季高腰法式淑女裙子	
关键词	搜索排名

3. 请根据商品相关性和任务操作 2 的排名结果，将现有商品标题中不相关的关键词和部分搜索排名较差的关键词剔除，并将商品标题填写在表 1–2–8 中。

表 1–2–8　商品标题

商品标题	

4. 为商品标题拓展关键词。本商品属于非标品爆款商品，首选该商品的核心词、品牌词和强相关的商品属性词、型号词等。请从“任务一 关键词挖掘”任务中非标品爆款商品关键词词库中选择合适的关键词，并填写到表 1–2–9 中，并说明选择该关键词的原因。

表 1–2–9　关键词拓展表

分类	关键词	选择原因

5. 将任务操作 4 选择的关键词与任务操作 3 中的商品标题进行组合，点击实训系统商品标题优化模块，找到该商品，点击“优化标题”按钮，将组合后的新标题填写到优化标题输入框中，如图 1–2–4 所示。

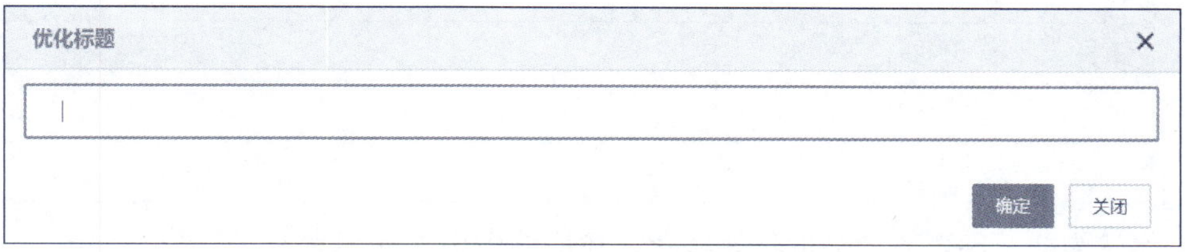

图 1–2–4　实训系统标题优化输入框

6. 借助实训系统的搜索排名查询模块，将新标题中的每个关键词，重新进行排名查询并优化。

（1）通过调换关键词位置和替换关键词，组合新的标题，不断进行优化，并及时记录关键词搜索排名信息。比如，关键词“夏季连衣裙”，经过搜索排名查询后发现，商品的排名为第 43 名，但将标题中的“夏季连衣裙”更改为“雪纺连衣裙”，商品的排名为第 31 名，搜索其他关键词，商品排名无变化，这时要用“雪纺连衣裙”替换“夏季连衣裙”。

（2）将新标题优化最终结果记录在表 1–2–10 中。

表 1–2–10　新标题关键词搜索排名统计表

商品标题：	
关键词	搜索排名

任务思考

1. 能显著提高非标品爆款商品排名的关键词主要是哪些类型？

____

____

2. 你认为标题优化过程中，哪一个决策点对搜索排名影响最大？

3. 你认为非标品爆款商品的标题优化，还应该考虑哪些因素？

2.2　非标品爆款商品标题优化（速卖通）

任务目标

1. 能够从买家搜索习惯的角度分析关键词
2. 能够根据非标品爆款商品特征选择合适的关键词进行标题优化
3. 掌握非标品爆款商品标题优化的方法

任务背景

Mary 是一家女装网店的速卖通推广负责人，经过 SEM 推广和信息流推广，店铺新增了多个爆款，但一段时间后，店内爆款商品的免费流量占比逐渐降低，通过自然搜索进店的访客数比往日减少。

为了能够使店内的爆款商品获得更多免费的自然流量，Mary 决定对店铺内“New Blouse Women Casual Striped Top Shirts Blouses Female Loose Blusas Autumn Fall Casual Ladies Office Blouses Top Sexy”爆款商品进行标题优化。

任务分析

商品标题优化是对商品的标题进行符合规则的优化，使之能够在众多同类商品中排名靠前，增加展现量、点击量以提升转化率的过程，是提高商品排名、获取自然搜索流量的重要手段。

本任务主要是从“任务一 关键词挖掘”任务挖掘的非标品爆款关键词词库中选择关键词组合标题，并从标题长度的控制、关键词分布、关键字词频及关键字组合技巧等维度优化商品标题。

非标品爆款选词时要优先选择强相关性、高搜索人气、款式词与风格词等关键词，并将关键词按组合规则进行有效组合，以覆盖更多的用户，获得更多的自然搜索展现量和点击量。

任务操作

1. 请将表 1-2-6 的标题进行拆分，将拆分后的关键词填写到表 1-2-6 中，关键词之间用“|”隔开。

表 1-2-6　商品标题关键词统计表

New Blouse Women Casual Striped Top Shirts Blouses Female Loose Blusas Autumn Fall Casual Ladies Office Blouses Top Sexy	
字符数	
关键词	

2. 请使用实训系统中的搜索排名模块逐一搜索任务操作 1 中的关键词，将本店铺的商品排名填写在表 1–2–7 中。

表 1–2–7 商品排名统计表

New Blouse Women Casual Striped Top Shirts Blouses Female Loose Blusas Autumn Fall Casual Ladies Office Blouses Top Sexy	
关键词	搜索排名

3. 请根据商品相关性和任务操作 2 的排名结果，将现有商品标题中不相关的关键词和部分搜索排名较差的关键词剔除，并将商品标题填写在表 1–2–8 中。

表 1–2–8 商品标题

商品标题	

4. 为商品标题拓展关键词。本商品属于非标品爆款商品，首选该商品的核心词、品牌词和强相关的商品属性词、型号词等。请从“任务一 关键词挖掘”任务中非标品爆款关键词词库中选择合适的关键词，并填写到表 1–2–9 中，并说明选择该关键词的原因。

表 1–2–9 关键词拓展表

分类	关键词	选择原因

5. 将任务操作 4 选择的关键词与任务操作 3 中的商品标题进行组合，点击实训系统商品标题优化模块，找到该商品，点击优化标题按钮，将组合后的新标题，填写到优化标题输入框中，如图 1–2–2 所示。

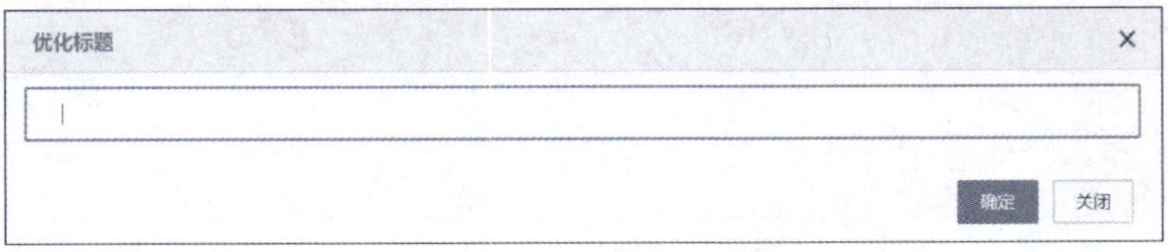

图 1–2–2 实训系统标题优化输入框

6. 借助实训系统的搜索排名查询模块，将新标题中的每个关键词，重新进行排名查询并优化。

（1）通过调换关键词位置和替换关键词，组合新的标题，不断进行优化，并及时记录关键词搜索排名信息。

（2）将新标题优化最终结果记录在表 1-2-10 中。

表 1-2-10　新标题关键词搜索排名统计表

商品标题：	
关键词	搜索排名

任务思考

1. 能显著提高非标品爆款商品排名的关键词主要是哪些类型？

2. 你认为标题优化过程中，哪一个决策点对搜索排名影响最大？

3. 你认为非标品爆款商品的标题优化，还应该考虑哪些因素？

■ 任务三　低竞争力链接 SEO 优化

3.1　标品新品 / 滞销品商品标题优化（淘宝）

任务目标

1. 能够从买家搜索习惯的角度分析关键词
2. 能够根据商品特征选择合适的关键词进行标题优化
3. 掌握标品新品 / 滞销品商品标题优化的方法

任务背景

小雅是一家手机数码配件网店淘宝推广负责人，最近店铺内新上了几款新品，因为有店内爆款商品的引流，这些商品上架不久便销量破零，但是直接通过自然搜索购买的用户却非常少。

为了能够让店铺内的新品“超薄小巧便携苹果专用移动电源无线迷 10 000 毫安大容量”尽快获得更多自然搜索流量，小雅需要为该商品执行 SEO 优化。

任务分析

商品标题优化是对商品的标题进行符合规则化的优化，使之能够在众多同类商品中排名靠前，增加展现量、点击量以提升转化率的过程，是提高商品排名、获取自然搜索流量的重要手段。

本任务主要是从“任务一 关键词挖掘”任务挖掘的标品新品 / 滞销品关键词词库中选择关键词组合标题，并从标题长度的控制、关键词分布、关键词词频及关键字组合技巧等维度优化商品标题。

该商品属于标品新品，标品是有明确的规格、型号的商品。用户习惯通过商品的品牌、名称、型号来搜索商品。选词时结合标品与新品的特点，要优先选择高相关性词、低竞争属性词、营销词、长尾词与型号词等关键词，并将关键词按组合规则进行有效组合，以覆盖更多的用户，获得更多的自然搜索展现量和点击量。

任务操作

1. 请将表 1–3–1 的标题进行拆分，将拆分后的关键词填写到表 1–3–1 中，关键词之间用“|”隔开。

1

表 1-3-1　商品标题关键词统计表

超薄小巧便携苹果专用移动电源无线迷 10 000 毫安大容量	
字符数	
关键词	

2. 请使用实训系统中的搜索排名模块逐一搜索任务操作 1 中的关键词，并根据搜索结果（如图 1-3-1 所示），将本店铺商品的排名填写在表 1-3-2 中。

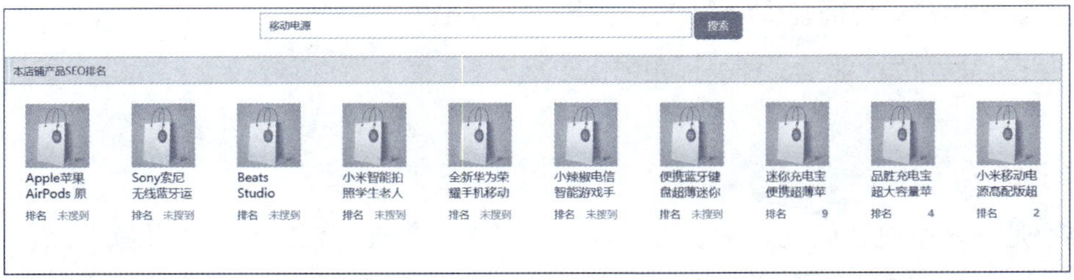

图 1-3-1　搜索排名查询结果

表 1-3-2　商品排名统计表

超薄小巧便携苹果专用移动电源无线迷 10 000 毫安大容量	
关键词	搜索排名

3. 请根据商品相关性和任务操作 2 的排名结果，将现有商品标题中不相关的关键词和部分搜索排名较差的关键词剔除，将商品标题填写在表 1-3-3 中。

表 1-3-3　商品标题

商品标题	

4. 为商品标题拓展关键词。本商品属于标品新品，首选该商品的高相关性、低竞争属性词、营销词、长尾词及型号词。请从”任务一 关键词挖掘”任务中标品新品 / 滞销品关键词词库中选择合适的关键词，并填写到表 1-3-4 中，并说明选择该关键词的原因。

表 1-3-4　关键词拓展表

分类	关键词	选择原因

5. 将任务操作 4 选择的关键词与任务操作 3 中的商品标题进行组合，点击实训系统商品标题优化模块，找到该商品，点击“优化标题”按钮，将组合后的新标题，填写到优化标题输入框中，如图 1–3–2 所示。

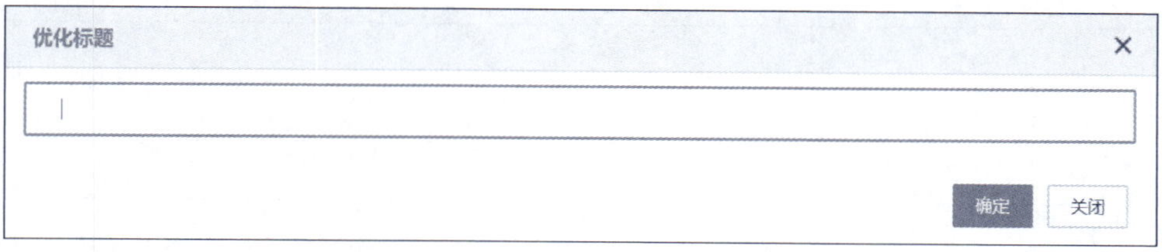

图 1–3–2　实训系统标题优化输入框

6. 借助实训系统的搜索排名查询模块，将新标题中的每个关键词重新进行排名查询。

（1）通过调换关键词位置和替换关键词，组合新的标题，不断进行优化，并及时记录关键词搜索排名信息。比如，关键词“续航大师移动电源”，经过搜索排名查询后发现，产品的排名为第 61 名，排名相对靠后，但将标题中的“续航大师移动电源”更改为“移动电源 20 000 毫安”，产品的排名为第 4 名，搜索其他关键词，商品排名无变化，因此，在这种情况下，可以用“移动电源 20 000 毫安”替换“续航大师移动电源”。

（2）将新标题优化最终结果记录在表 1–3–5 中。

表 1–3–5　新标题关键词搜索排名统计表

商品标题：	
关键词	搜索排名

任务思考

1. 能显著提高标品新品 / 滞销品排名的关键词主要是哪些类型？

系统操作说明

2. 你认为标题优化过程中，哪一个决策点对搜索排名影响最大？

3. 你认为标品新品 / 滞销品的标题优化，还应该考虑哪些因素？

3.1　标品新品 / 滞销品商品标题优化（速卖通）

任务目标

1. 能够从买家搜索习惯的角度分析关键词

2. 能够根据商品特征选择合适的关键词进行标题优化

3. 掌握标品新品 / 滞销品商品标题优化的方法

任务背景

Mary 是一家手机数码配件网店速卖通推广负责人，最近店铺内新上了几款新品，因为有店内爆款商品的引流，这些商品上架不久便销量破零，但是直接通过自然搜索购买的用户却非常少。

为了能够让店铺内的新品“AGM X1 Waterproof Mobile Phone Android 6.0 Snapdragon 617 Octa-core 4GB 64GB 5.5 Inch Cellphone”尽快获得更多自然搜索流量，Mary 需要为该商品进行 SEO 优化。

任务分析

商品标题优化是对商品的标题进行符合规则化的优化，使之能够在众多同类商品中排名靠前，增加展现量、点击量以提升转化率的过程，是提高商品排名、获取自然搜索流量的重要手段。

本任务主要是从“任务一 关键词挖掘”任务挖掘的标品新品 / 滞销品关键词词库中选择关键词组合标题，并从标题长度的控制、关键词分布、关键词词频及关键字组合技巧等维度优化商品标题。

该商品属于标品新品，标品是有明确的规格、型号的商品。用户习惯通过商品的品牌、名称、型号来搜索商品。选词时结合标品与新品的特点，要优先选择高相关性词、低竞争属性词、营销词、长尾词与型号词等关键词，并将关键词按组合规则进行有效组合，以覆盖更多的用户，获得更多的自然搜索展现量和点击量。

任务操作

1. 请将表 1-3-1 的标题进行拆分，将拆分后的关键词填写到表 1-3-1 中，关键词之间用“|”隔开。

表 1-3-1　商品标题关键词统计表

AGM X1 Waterproof Mobile Phone Android 6.0 Snapdragon 617 Octa-core 4GB 64GB 5.5 Inch Cellphone	
字符数	
关键词	

2. 请使用实训系统中的搜索排名模块逐一搜索任务操作 1 中的关键词，将本店铺的商品排名填写在表格 1-3-2 中。

表 1-3-2　商品排名统计表

AGM X1 Waterproof Mobile Phone Android 6.0 Snapdragon 617 Octa-core 4GB 64GB 5.5 Inch Cellphone	
关键词	搜索排名

3. 请根据商品相关性和任务操作 2 的排名结果，将现有商品标题中不相关的关键词和部分搜索排名较差的关键词剔除，将商品标题填写在表 1-3-3 中。

表 1-3-3　商品标题

商品标题	

4. 为商品标题拓展关键词。本商品属于标品新品，首选该商品的高相关性、低竞争属性词、营销词、长尾词及型号词。请从”任务一 关键词挖掘”任务中标品新品 / 滞销品关键词词库中选择合适的关键词，并填写到表 1-3-4 中，并说明选择该关键词的原因。

表 1-3-4　关键词拓展表

分类	关键词	选择原因

5. 将任务操作 4 选择的关键词与任务操作 3 中的商品标题进行组合，点击实训系统商品标题优化模块，找到该商品，点击“优化标题”按钮，将组合后的新标题，填写到优化

标题输入框中，如图 1-3-1 所示。

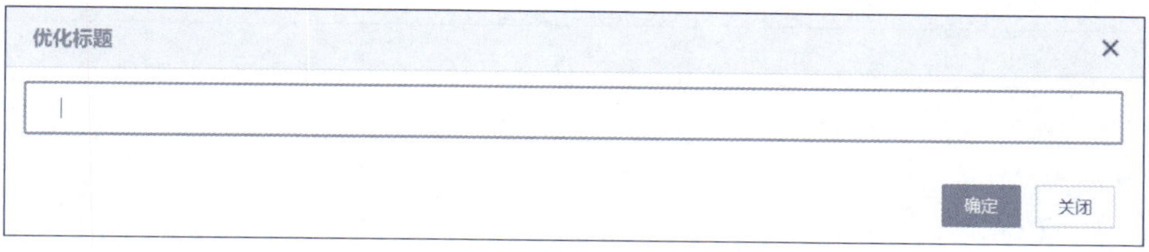

图 1-3-1　实训系统标题优化输入框

6. 借助实训系统的搜索排名查询模块，将新标题中的每个关键词，重新进行排名查询。

（1）通过调换关键词位置和替换关键词，组合新的标题，不断进行优化，并及时记录关键词搜索排名信息。

（2）将新标题优化最终结果记录在表 1-3-5 中。

表 1-3-5　新标题关键词搜索排名统计表

商品标题：	
关键词	搜索排名

任务思考

1. 能显著提高标品新品 / 滞销品排名的关键词主要是哪些类型？

系统操作说明

2. 你认为在标题优化过程中，哪一个决策点对搜索排名的影响最大？

3. 你认为标品新品 / 滞销品的标题优化，还应该考虑哪些因素？

3.1　低竞争力商品销售行业标题优化（百度）

任务目标

1. 能够从买家搜索习惯的角度分析关键词
2. 能够根据低竞争力商品销售行业特征选择合适的关键词进行标题优化
3. 掌握低竞争力商品销售行业标题优化的方法

任务背景

三际数码官方旗舰店是由品牌官方企业运营或授权的官网旗舰店，所有商品保证正品无假货。由于推广资金有限，前期并没有对全部的商品进行推广，仍然存在几款交易转化数据较差的商品。

辰辰是三际数码官方旗舰店百度推广负责人，为了最大限度地获得流量，提高店铺整体数据，尽快获得更多自然搜索流量，辰辰决定执行标题的 SEO 优化。

任务分析

商品标题优化是对商品的标题进行符合规则化的优化，使之能够在众多同类商品中排名靠前，增加展现量、点击量以提升转化率的过程，是提高商品排名、获取自然搜索流量的重要手段。

本任务主要是从”任务一 关键词挖掘”任务挖掘的低竞争力商品销售行业关键词词库中选择关键词组合标题，并从标题长度的控制、关键词分布、关键词词频及关键字组合技巧等维度优化商品标题。

优先选择高相关性词、营销词、长尾词、大词或热门搜索词等关键词，并将关键词按组合规则进行有效组合，以覆盖更多的用户，获得更多的自然搜索展现量和点击量。

任务操作

1. 请使用百度推广实训系统中的搜索排名模块逐一搜索原网站首页标题、网站首页关键词中的关键词，并根据搜索结果，将对应的关键词排名填写到表 1-3-1 中。

表 1-3-1　关键词排名统计表

三际数码官方旗舰店	
关键词	搜索排名

1

2. 请根据关键词与网站内容相关性和任务操作 1 的搜索排名结果，将现有网站标题及关键词中不相关的关键词和部分搜索排名较差的关键词剔除，将网站标题、网站关键词填写在表 1–3–2 中。

表 1–3–2　网站标题及关键词

网站标题	
网站关键词	

3. 对网站标题、网站关键词进行拓展。因为三际数码官方旗舰店属于低竞争力网站，因此需要多添加竞争度小的产品词、属性词。请从”任务一 关键词挖掘”任务低竞争力商品销售行业关键词词库中选择合适的关键词，并填写到表 1–3–3 中，并说明选择该关键词的原因。

表 1–3–3　关键词拓展表

类别	关键词	选择原因

4. 将任务操作 3 选择的关键词与任务操作 2 中的网站标题、网站关键词进行组合，点击百度推广实训系统产品 SEO 优化模块，找到网站首页，将组合后的新标题、新关键词，填写到标题、关键词输入框中，如图 1–3–1 所示。

图 1–3–1　百度推广实训系统网站标题、关键词输入框

5. 借助百度推广实训系统的搜索排名查询模块，将网站标题、网站关键词中的每个关键词，重新进行排名查询并优化。

（1）通过调换关键词位置和替换关键词，组合新的标题，不断进行优化，并及时记录关键词搜索排名信息。

（2）将标题优化最终结果记录在表 1-3-4 中。

表 1-3-4　新标题关键词搜索排名统计表

网站标题：		
网站关键词：		
关键词		搜索排名

任务思考

1. 能显著提高低竞争力商品销售行业排名的关键词主要是哪些类型？

系统操作说明

2. 你认为在标题优化过程中，哪一个决策点对搜索排名的影响最大？

3. 你认为低竞争力商品销售行业的标题优化，还应该考虑哪些因素？

3.2　非标品新品 / 滞销品商品标题优化（淘宝）

任务目标

1. 能够从买家搜索习惯的角度分析关键词
2. 能够根据商品特征选择合适的关键词进行标题优化
3. 掌握非标品新品 / 滞销品商品标题优化的方法

任务背景

小雅是一家皇冠女装网店的淘宝推广负责人，进入四月份，连衣裙即将迎来销售旺季。店铺内最近新上了很多新品，依靠店内的老客户，很多新品都获得了基础销量，但是通过自然搜索下单成交的客户却寥寥无几。

为了能够让店铺内的新品“百驼真丝连衣裙春夏新款杭州大牌直筒桑蚕丝印花长裙”提高自然搜索下单成交量，小雅已经建立了该商品的关键词词库，需要根据已经建好的关键词词库，完成该商品的 SEO 优化工作。

任务分析

商品标题优化是对商品的标题进行符合规则化的优化，使之能够在众多同类商品中排名靠前，增加展现量、点击量以提升转化率的过程，是提高商品排名、获取自然搜索流量的重要手段。

本任务主要是从“任务一 关键词挖掘”任务挖掘的关键词词库中选择关键词组合标题，并从标题长度的控制、关键词分布、关键词词频及关键字组合技巧等维度优化商品标题。

结合非标品新品 / 滞销品的特点，选词时要优先选择高相关性、低搜索人气、营销词、长尾词、款式词与风格词等关键词，并将关键词按组合规则进行有效组合，以覆盖更多的用户，获得更多的自然搜索展现量和点击量。

任务操作

1. 请将表 1–3–6 的标题进行拆分，将拆分后的关键词填写到表 1–3–6 中，关键词之间用“|”隔开。

表 1–3–6　商品标题关键词统计表

	百驼真丝连衣裙春夏新款杭州大牌直筒桑蚕丝印花长裙
字符数	
关键词	

2. 请使用实训系统中的搜索排名模块逐一搜索任务操作 1 中的关键词，并根据搜索结果（如图 1–3–3 所示），将本店铺的商品排名填写在表 1–3–7 中。

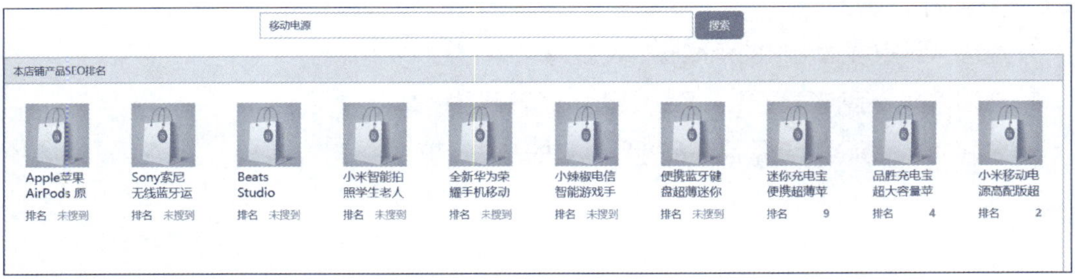

图 1–3–3 搜索排名查询结果

表 1–3–7 商品排名统计表

百驼真丝连衣裙春夏新款杭州大牌直筒桑蚕丝印花长裙	
关键词	搜索排名

3. 请根据商品相关性和任务操作 2 的排名结果，将现有商品标题中不相关的关键词和部分搜索排名较差的关键词剔除，将商品标题填写在表 1–3–8 中。

表 1–3–8 商品标题

商品标题	

4. 为商品标题拓展关键词。本商品属于非标品新品，首选该商品的高相关性、低搜索人气、营销词、长尾词、款式词与风格词等。请从”任务一 关键词挖掘”任务中非标品新品 / 滞销品关键词词库中选择合适的关键词，并填写到表 1–3–9 中，并说明选择该关键词的原因。

表 1–3–9 关键词拓展表

分类	关键词	选择原因

5. 将任务操作 4 选择的关键词与任务操作 3 中的商品标题进行组合，点击实训系统商

品标题优化模块，找到该商品，点击“优化标题”按钮，将组合后的新标题，填写到优化标题输入框中，如图 1–3–4 所示。

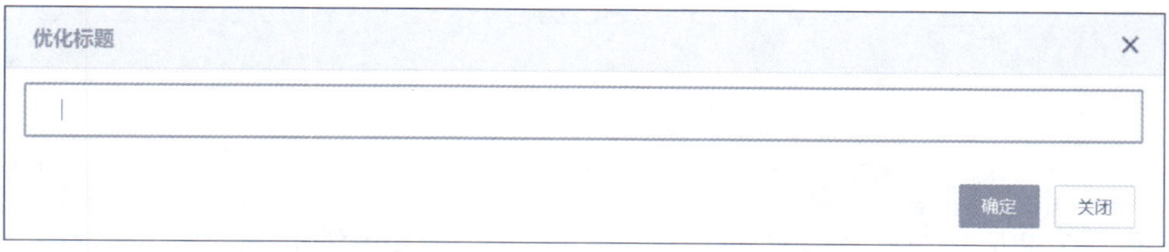

图 1–3–4 实训系统标题优化输入框

6. 借助实训系统的搜索排名查询模块，将新标题中的每个关键词，重新进行排名查询。

（1）通过调换关键词位置和替换关键词，组合新的标题，不断进行优化，并及时记录关键词搜索排名信息。比如，关键词“真丝连衣裙”，经过搜索排名查询后发现，商品的排名为第 954 位，但将标题中的“真丝连衣裙”更改为“大牌连衣裙”，商品的排名为第 101 位，搜索其他关键词，商品排名无变化，这时要用“大牌连衣裙”替换“真丝连衣裙”。

（2）将新标题优化最终结果记录在表 1–3–10 中。

表 1–3–10 新标题关键词搜索排名统计表

商品标题：	
关键词	搜索排名

任务思考

1. 能显著提高非标品新品 / 滞销品排名的关键词是哪些类型？

2. 你认为在非标品新品 / 滞销品标题优化过程中，哪一个决策点对搜索排名的影响最大？

3. 你认为非标品新品 / 滞销品的标题优化，还应该考虑哪些因素？

3.2　非标品新品 / 滞销品商品标题优化（速卖通）

任务目标

1. 能够从买家搜索习惯的角度分析关键词
2. 能够根据商品特征选择合适的关键词进行标题优化
3. 掌握非标品新品 / 滞销品商品标题优化的方法

任务背景

Mary 是一家女装网店速卖通推广负责人，进入四月份，雪纺衫 / 衬衫即将迎来销售旺季。店铺内最近新上了很多新品，依靠店内的老客户，很多新品都获得了基础销量，但是通过自然搜索下单成交的客户却寥寥无几。

为了能够让店铺内的新品“Fashion Women Casual Tops O Neck Ladies Baggy Shirt Blouse Loose Lantern Sleeve Ploka Dot Chiffon Elegant Holiday Clothes”提高自然搜索下单成交量，Mary 已经建立了该商品的关键词词库，请根据已经建好的关键词词库，完成该商品的 SEO 优化工作。

任务分析

商品标题优化是对商品的标题进行符合规则化的优化，使之能够在众多同类商品中排名靠前，增加展现量、点击量以提升转化率的过程，是提高商品排名、获取自然搜索流量的重要手段。

本任务主要是从”任务一 关键词挖掘”任务挖掘的关键词词库中选择关键词组合标题，并从标题长度的控制、关键词分布、关键词词频及关键字组合技巧等维度优化商品标题。

结合非标品新品 / 滞销品的特点，选词时要优先选择高相关性、低搜索人气、营销词、长尾词、款式词与风格词等关键词，并将关键词按组合规则进行有效组合，以覆盖更多的用户，获得更多的自然搜索展现量和点击量。

任务操作

1. 请将表 1–3–6 的标题进行拆分，将拆分后的关键词填写到表 1–3–6 中，关键词之间用“|”隔开。

表 1-3-6　商品标题关键词统计表

Fashion Women Casual Tops O Neck Ladies Baggy Shirt Blouse Loose Lantern Sleeve Ploka Dot Chiffon Elegant Holiday Clothes	
字符数	
关键词	

2. 请使用实训系统中的搜索排名模块逐一搜索任务操作 1 中的关键词，将本店铺的商品排名填写在表格 1–3–7 中。

表 1–3–7 商品排名统计表

Fashion Women Casual Tops O Neck Ladies Baggy Shirt Blouse Loose Lantern Sleeve Ploka Dot Chiffon Elegant Holiday Clothes	
关键词	搜索排名

3. 请根据商品相关性和任务操作 2 的排名结果，将现有商品标题中不相关的关键词和部分搜索排名较差的关键词剔除，将商品标题填写在表 1–3–8 中。

表 1–3–8 商品标题

商品标题	

4. 为商品标题拓展关键词。本商品属于非标品新品，首选该商品的高相关性、低搜索人气、营销词、长尾词、款式词与风格词等。请从”任务一 关键词挖掘”任务中非标品新品 / 滞销品关键词词库中选择合适的关键词，并填写到表 1–3–9 中，并说明选择该关键词的原因。

表 1–3–9 关键词拓展表

分类	关键词	选择原因

5. 将任务操作 4 选择的关键词与任务操作 3 中的商品标题进行组合，点击实训系统商品标题优化模块，找到该商品，点击“优化标题”按钮，将组合后的新标题，填写到优化标题输入框中，如图 1–3–2 所示。

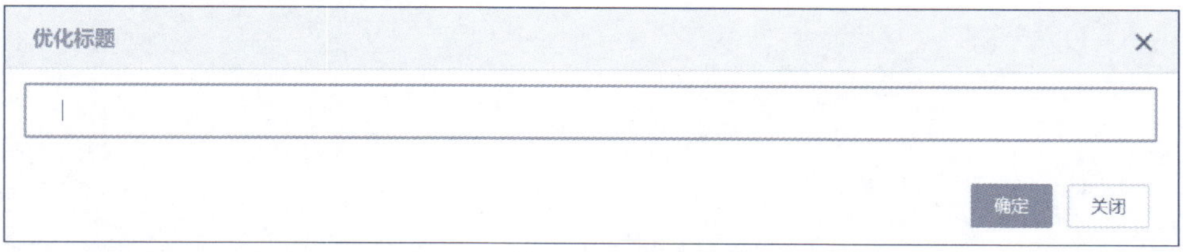

图 1-3-2　实训系统标题优化输入框

6. 借助实训系统的搜索排名查询模块，将新标题中的每个关键词，重新进行排名查询。

（1）通过调换关键词位置和替换关键词，组合新的标题，不断进行优化，并及时记录关键词搜索排名信息。

（2）将新标题优化最终结果记录在表 1-3-10 中。

表 1-3-10　新标题关键词搜索排名统计表

商品标题：	
关键词	搜索排名

任务思考

1. 能显著提高非标品新品 / 滞销品排名的关键词是哪些类型？

2. 你认为在非标品新品 / 滞销品标题优化过程中，哪一个决策点对搜索排名的影响最大？

3. 你认为非标品新品 / 滞销品的标题优化，还应该考虑哪些因素？

工作领域二

SEM 推广

思维导图

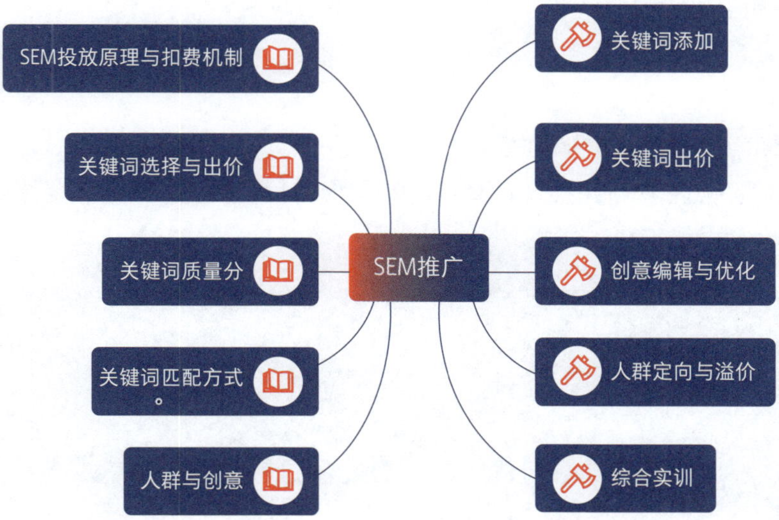

■ 任务一　关键词添加

1.1　标品爆款关键词添加（淘宝）

任务目标

1. 能够制定标品类目爆款关键词策略
2. 能够对标品类目爆款进行直通车推广关键词的添加

任务背景

小雅是一家手机数码配件网店的淘宝推广负责人，店铺内主营商品为移动电源，商品"ROMOSS/ 罗马仕 20 000 毫安大容量充电宝便携正品移动电源"的展现、点击与成交数据较好，具有一定的爆款倾向。为了更好地打造爆款，小雅决定对该商品在给定的推广资金范围内进行直通车推广。为了更好地进行关键词的管理，控制花费，小雅对该商品单独建立一个标准推广计划，并进行关键词添加。

任务分析

爆款商品推广策略的核心是与同行业卖家竞争最大流量入口，使商品达到行业曝光热度最大化。因此，爆款商品直通车推广关键词的选择应优先选择行业内的热搜词，以引入大量的流量。

标品类目的关键词较少，大都是属性词或者品牌词等短词，且关键词的竞争度相对较大；精准度较高的长尾词虽竞争较小，但几乎没有流量。因此，在进行爆款商品的推广关键词添加时，侧重于热门属性词、核心词、品牌词等高竞争词的选取。

任务操作

一、新建推广计划与推广单元

任务操作 1：点击“新建推广计划”，填写推广计划名称，选择推广计划类型，点击“确定”，如图 2-1-1 所示。

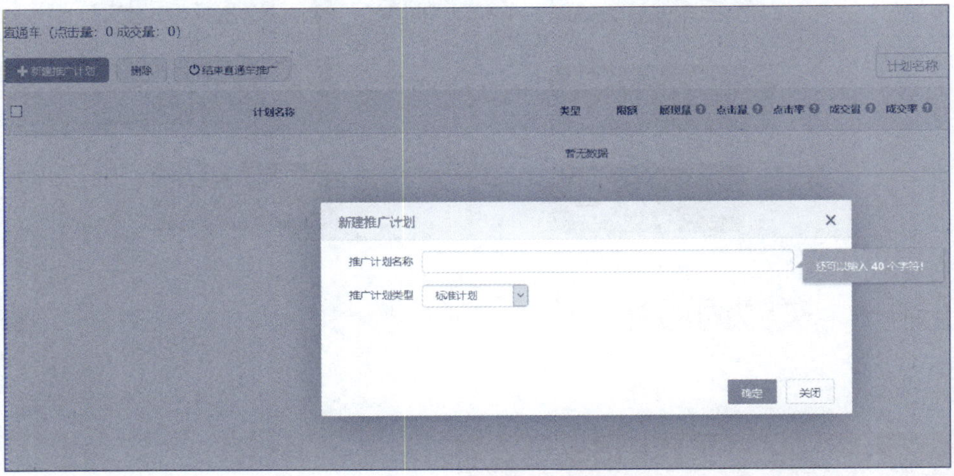

图 2-1-1　新建推广计划

任务操作 2：点击“新建推广单元”，选择推广宝贝，点击“下一步”，如图 2-1-2 所示。

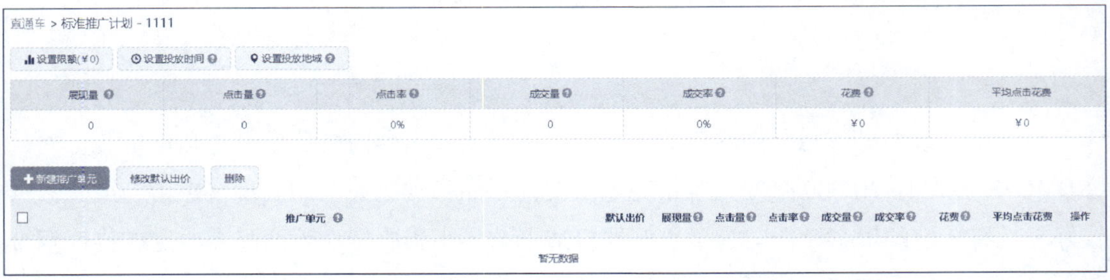

图 2-1-2　新建推广单元

二、添加关键词

系统提供三种加词方法：按照系统推荐添加关键词、全站搜索添加关键词、加词清单手动添加关键词。

标品爆款适合行业热搜词，因此，加词的时候更加注重关键词的搜索人气、点击率、转化率等数据。首先找出行业的热搜词，并将热搜词添加到表 2-1-1 中。

表 2-1-1 行业热搜词统计表

序号	关键词	搜索人气	点击率	转化率	竞争指数
1					
2					
3					
4					
5					
6					
7					
8					
9					
10					

对找出的关键词，要分析关键词与商品本身的相关性，因此，对于上述关键词，还要进行相关性判断，剔除不相关或者低相关关键词，最终找出目标关键词，并将关键词填入表 2–1–2 中。

表 2-1-2 目标关键词统计表

序号	关键词	搜索人气	点击率	转化率
1				
2				
3				
4				
5				
6				
7				
8				
9				
10				

当手动输入通过其他渠道挖掘到的关键词时，同样要考虑关键词的搜索人气、点击率、转化率、竞争度、相关性等因素。

任务操作 1：点击“添加关键词”，如图 2–1–3 所示。

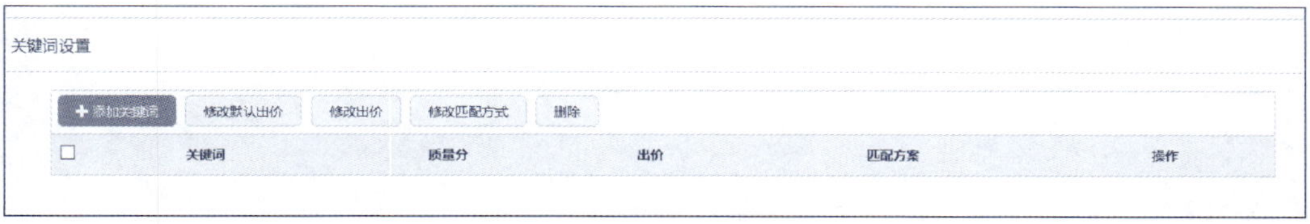

图 2-1-3 添加关键词

任务操作 2：选择或输入关键词，点击“确认添加”，如图 2–1–4 所示。

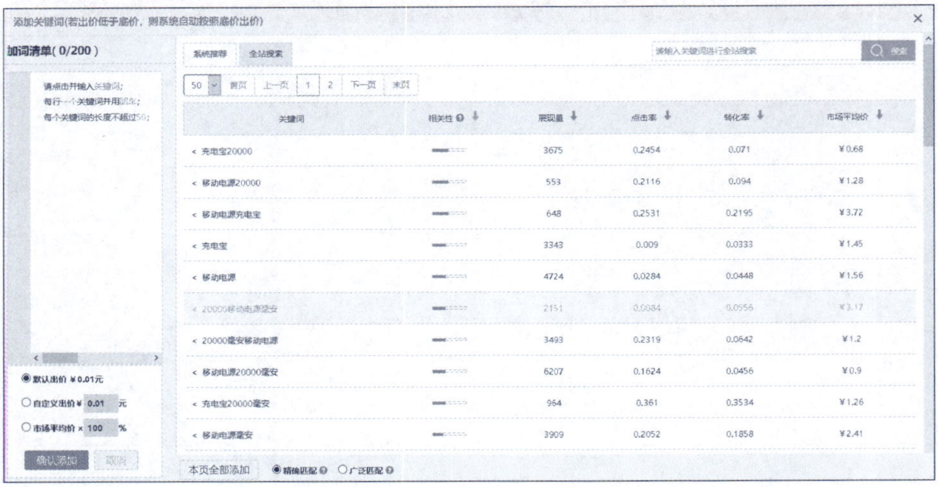

图 2–1–4　选择或输入关键词

任务思考

1. 标品爆款商品添加关键词时，应首先考虑关键词的哪些要素？

认识直通车

2. 直通车添加关键词时，可以通过什么方法挖掘关键词？

1.1　标品爆款关键词添加（速卖通）

任务目标

1. 能够制定标品类目爆款关键词策略
2. 能够对标品类目爆款进行直通车推广关键词的添加
3. 能够为标品类目爆款添加强相关的热搜词

任务背景

Mary 是一家手机数码配件网店的速卖通推广负责人，店铺内主营商品为移动电源，商品“Original PPTV V1 Mobile Phone 5.0 Inch Android 5.1 MT6735P Quad Core Smartphone 16GB 4G FDD-LTE Fingerprint PP5200 Cellphone”的展现、点击与成交数据较好，具有一定的爆款倾向。为了更好地打造爆款，Mary 决定对该商品在给定的推广资金范围内进行直通车推广。为了更好地进行关键词的管理，控制花费，Mary 对该商品单独建立一个标准推广计划，并进行关键词添加。

任务分析

爆款商品推广策略的核心是与同行业卖家竞争最大流量入口，使商品达到行业曝光热度最大化。因此，爆款商品直通车推广关键词的选择应优先选择行业内的热搜词，以引入大量的流量。

标品类目的关键词较少，大都是属性词或者品牌词等短词，且关键词的竞争度相对较大；精准度较高的长尾词虽竞争较小，但几乎没有流量。因此，在进行爆款商品的推广关键词添加时，侧重于热门属性词、核心词、品牌词等高竞争词的选取。

任务操作

一、新建推广计划与推广单元

任务操作 1：点击“新建推广计划”，填写推广计划名称，选择推广计划类型，点击“开始新建”，如图 2-1-1 所示。

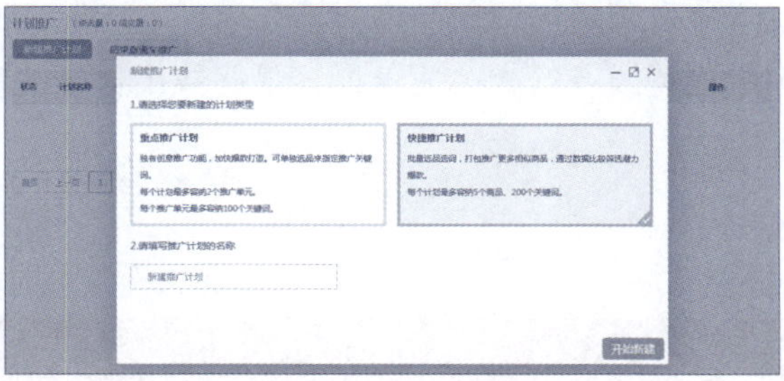

图 2-1-1　新建推广计划

任务操作 2：点击“新建推广计划”，选择推广宝贝，点击“下一步”，如图 2–1–2 所示。

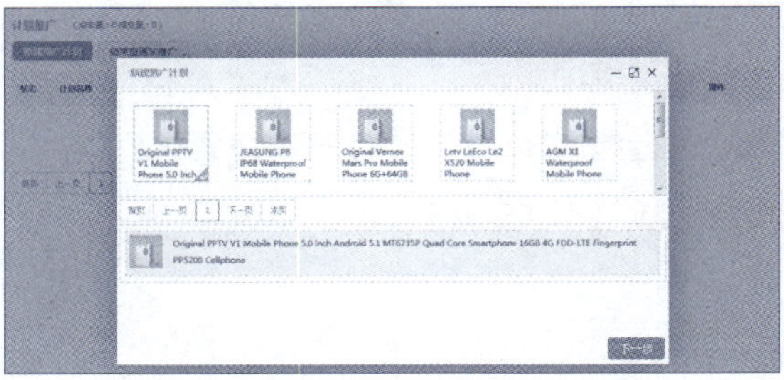

图 2–1–2　选择推广宝贝

二、添加关键词

系统提供三种加词方法：按照系统推荐添加关键词、全站搜索添加关键词、加词清单手动添加关键词。

标品爆款适合行业热搜词，因此，加词的时候更加注重关键词的搜索人气、点击率、转化率等数据。首先找出行业的热搜词，并将其填写在表 2–1–1 中。

表 2–1–1　行业热搜词统计表

序号	关键词	搜索人气	点击率	竞争指数
1				
2				
3				
4				
5				
6				
7				
8				
9				
10				

对找出的关键词，要分析关键词与商品本身的相关性，因此，对于上述关键词，还要进行相关性判断，剔除不相关或者低相关关键词，最终找出目标关键词，并将其添加在表 2–1–2 中。

表 2–1–2　目标关键词统计表

序号	关键词	搜索热度	点击率	转化率
1				
2				

续表

序号	关键词	搜索热度	点击率	转化率
3				
4				
5				
6				
7				
8				
9				
10				

当手动输入通过其他渠道挖掘到的关键词时，同样要考虑关键词的搜索人气、点击率、转化率、竞争度、相关性等因素。

任务操作 1：点击“添加关键词”，如图 2–1–3 所示。

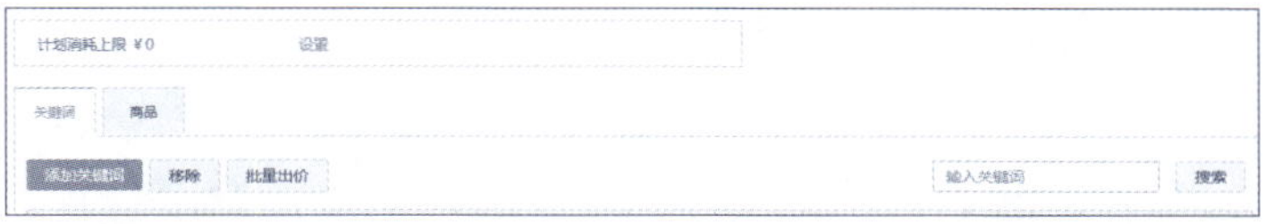

图 2–1–3　添加关键词

任务操作 2：选择或输入关键词，点击“确认添加”，如图 2–1–4 所示。

图 2–1–4　选择或输入关键词

任务思考

1. 标品爆款商品添加关键词时，应首先考虑关键词的哪些要素？

直通车作用与展位介绍

2

2. 直通车添加关键词时，可以通过什么方法挖掘关键词？

1.1 高竞争力商品销售行业关键词添加（百度）

任务目标

1. 能够制定高竞争力商品销售行业的推广关键词策略
2. 能够对高竞争力商品销售行业进行推广关键词的添加

任务背景

华为商城（http://www.vmall.com/）是华为旗下面向全国服务的电子商务平台官网，提供正品华为手机（华为 mate10、华为 p10、荣耀 9、荣耀畅玩 7x、麦芒 6、华为 mate9、荣耀 v9、华为 nova2 等）、平板电脑、配件等全新华为产品。目前，网站的展现、点击效果较好，在同行业中具有较强的竞争力。

辰辰是华为商城百度推广负责人，为了更好地服务消费者，提高品牌效应，辰辰决定对华为商城进行百度搜索推广，并进行推广关键词的添加。

任务分析

华为商城官网的整体的展现量、点击量、点击率数据较好，且商品的品质有保证，具有较强的竞争力，可以添加核心词、品牌词等热门搜索词，抢占热门关键词的搜索流量，适当添加精准长尾词抢占精准流量。

任务操作

一、新建推广计划与推广单元

任务操作 1：点击“新建计划”，选择推广业务，点击“继续”，填写推广计划名称，设置推广地域与推广时间，设置设备出价设置，填写预算。点击“保存并新建单元”，如图 2-1-1 所示。

图 2-1-1　新建计划

任务操作 2：点击“设置推广单元”，填写推广单元名称，设置单元出价，设置计算机出价系数。点击“下一步添加关键词”，如图 2–1–2 所示。

图 2–1–2 设置推广单元

二、添加关键词

高竞争力行业市场竞争力较高，可推广热搜词，因此，在加词时，更加注重关键词的搜索人气、点击率、转化率等数据。首先找出行业的热搜词，并将其填写在表 2–1–1 中。

表 2–1–1 行业热搜词统计表

序号	关键词	搜索人气	点击率	转化率	竞争指数
1					
2					
3					
4					
5					
6					
7					
8					
9					
10					

对找出的关键词，要分析关键词与商家业务内容、商品信息的相关性，因此，对于上述关键词，还要进行相关性判断，剔除不相关或者低相关关键词，最终，找出目标关键词，并将其填写在表 2–1–2 中。

表 2–1–2 目标关键词统计表

序号	关键词	搜索热度	点击率	转化率
1				
2				

续表

序号	关键词	搜索热度	点击率	转化率
3				
4				
5				
6				
7				
8				
9				
10				

任务操作：点击“添加关键词”，搜索所需关键词，例如，可在系统中输入“手机”，点击“查询”，勾选所需关键词。点击“确定”，如图 2–1–3 所示。

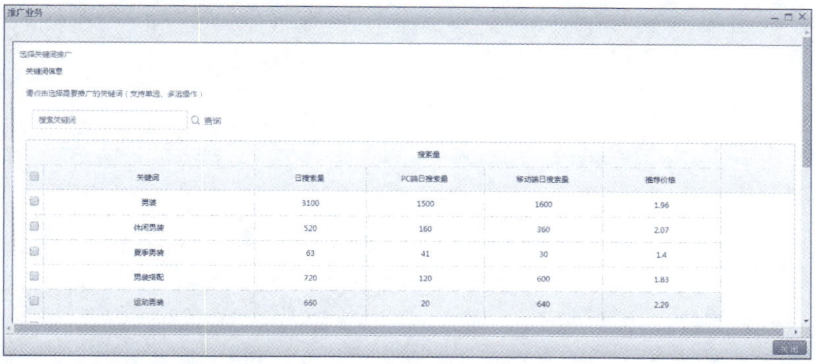

图 2–1–3　选择需要推广的关键词

任务思考

1. 高竞争力行业在搜索推广添加关键词时，应首先考虑关键词的哪些要素？

关键词的匹配方式

2. 搜索推广添加关键词时，可以通过什么方法挖掘关键词？

2

1.2　标品新品 / 滞销品关键词添加（淘宝）

任务目标

1. 能够制定标品类目新品 / 滞销品的关键词策略

2. 能够对标品类目新品 / 滞销品进行直通车推广关键词的添加

任务背景

小雅是一家手机数码配件网店的淘宝推广负责人，店铺内推广商品为移动电源，商品“超薄小巧便携苹果专用移动电源无线迷 10 000 毫安大容量”的展现量、点击量与成交数据较差，出现了滞销倾向。为了实现滞销品的促活，小雅决定对该商品在给定的推广资金范围内进行直通车推广。为了更好地进行关键词的管理，控制花费，小雅对商品单独建立了一个标准推广计划，并进行关键词的添加。

任务分析

新品或滞销品推广策略的核心是通过避开行业竞争大词，通过争取大批量精准关键词流量的方式实现商品的推广。标品类目搜索词较少，大部分为属性词、品牌词、核心词，但新品或滞销品的市场竞争力较弱，这就需要在关键词添加时不仅要添加具有一定搜索人气的精准长尾词，实现精准引流，还有要添加属性词、品牌词、核心词等热门搜索关键词，保证推广效果。

任务操作

一、新建推广计划与推广单元

任务操作 1：点击“新建推广计划”，填写推广计划名称，选择推广计划类型，点击“确定”，如图 2-1-5 所示。

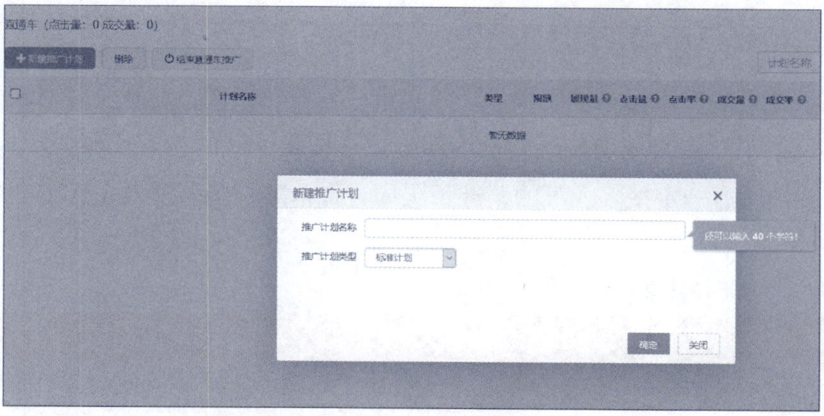

图 2-1-5　新建推广计划

任务操作 2：点击“新建推广单元”，选择推广宝贝，点击“下一步”，如图 2–1–6 所示。

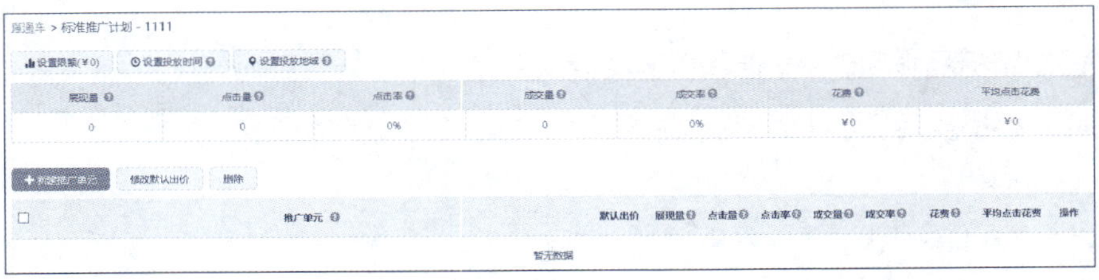

图 2–1–6 新建推广单元

二、关键词添加

1. 标品类目搜索词较少，要想保证推广效果，必须要对行业热搜词进行推广，因此，加词的时候更加注重关键词的搜索人气、点击率、转化率等数据。首先找出行业的热搜词，并剔除与推广商品不相关的关键词，并将行业热搜词填写在表 2–1–3 中。

表 2–1–3 行业热搜词统计表

序号	关键词	搜索热度	点击率	转化率
1				
2				
3				
4				
5				
6				
7				
8				
9				
10				

2. 新品或滞销品的市场竞争度较低，单靠推广行业热搜词，花费会相对较高，为了适当降低关键词的平均点击花费，还要推广部分具有搜索人气的精准长尾词实现精准引流，因此，还需找出具有一定搜索人气的精准长尾词，将精准长尾词填入表 2–1–4 中。

表 2–1–4 精准长尾词统计表

序号	关键词	搜索人气	点击率	转化率
1				
2				
3				

续表

序号	关键词	搜索人气	点击率	转化率
4				
5				
6				
7				
8				
9				
10				

任务操作 1：点击“添加关键词”，如图 2–1–7 所示。

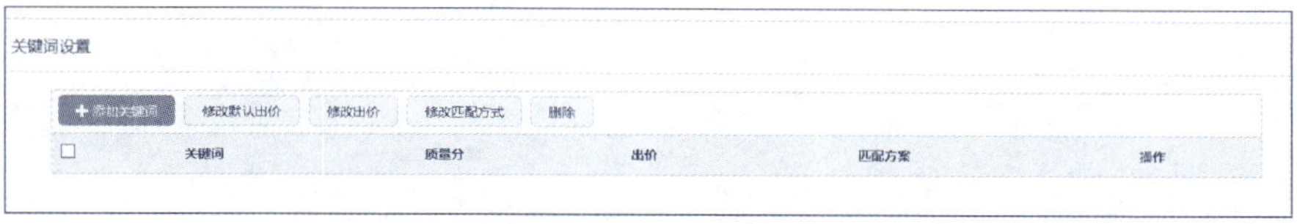

图 2–1–7　添加关键词

任务操作 2：选择或输入关键词，点击“确认添加”，如图 2–1–8 所示。

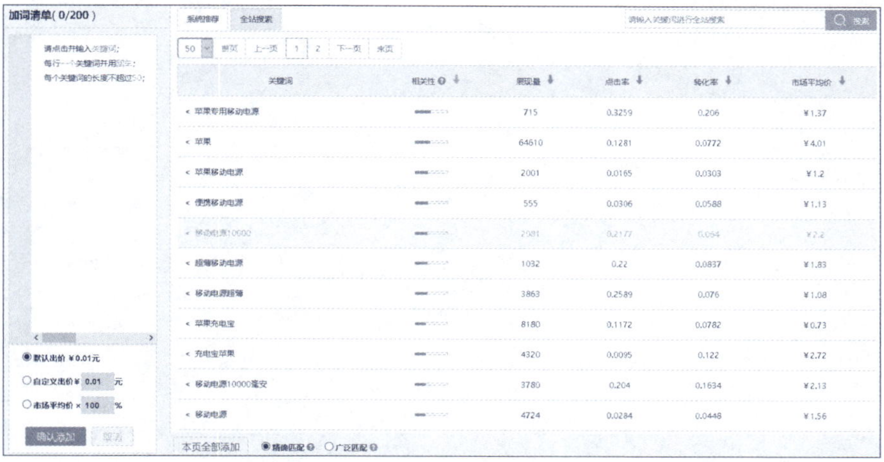

图 2–1–8　选择或输入关键词

任务思考

1. 标品类目的关键词与非标品类目关键词有何不同？

2. 如何保证添加关键词的质量分？

1.2　标品新品 / 滞销品关键词添加（速卖通）

任务目标

1. 能够制定标品类目新品 / 滞销品的关键词策略
2. 能够对标品类目新品 / 滞销品进行直通车推广关键词的添加
3. 能够为标品类目新品 / 滞销品添加高相关的搜索词

任务背景

Mary 是一家手机数码配件网店的速卖通推广负责人，店铺内推广商品为移动电源，商品“AGM X1 Waterproof Mobile Phone Android 6.0 Snapdragon 617 Octa-core 4GB 64GB 5.5 Inch Cellphone”的展现、点击与成交数据较差，出现了滞销倾向。为了实现滞销品的促活，Mary 决定对该商品在给定的推广资金范围内进行直通车推广。为了更好地进行关键词的管理，控制花费，Mary 对商品单独建立了一个标准推广计划，并进行关键词的添加。

任务分析

新品或滞销品推广策略的核心是通过避开行业竞争大词，通过争取大批量精准关键词流量的方式实现商品的推广。标品类目搜索词较少，大部分为属性词、品牌词、核心词，但新品或滞销品的市场竞争力较弱，这就需要在关键词添加时不仅要添加具有一定搜索人气的精准长尾词，实现精准引流，还有要添加属性词、品牌词、核心词热门搜索关键词，保证推广效果。

任务操作

一、新建推广计划与推广单元

任务操作 1：点击“新建推广计划”，填写推广计划的名称，选择新建的计划类型，点击“开始新建”，如图 2–1–5 所示。

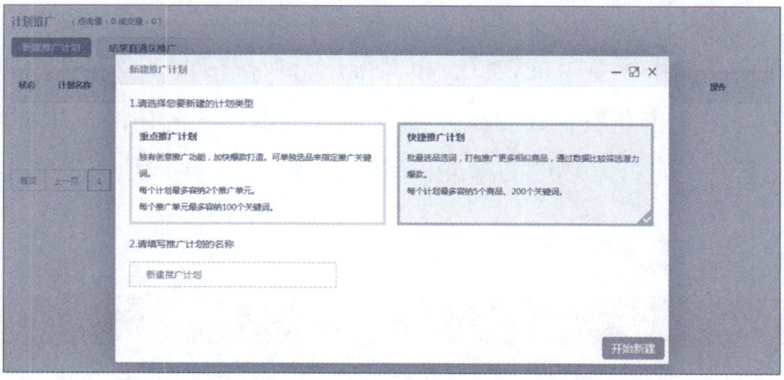

图 2–1–5　新建推广计划

任务操作 2：点击“新建推广计划”，选择推广宝贝，点击“下一步”，如图 2–1–6 所示。

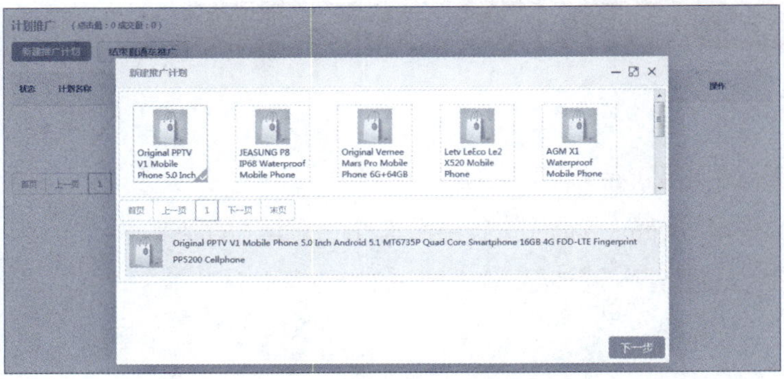

图 2-1-6　选择推广宝贝

二、关键词添加

1. 标品类目搜索词较少，要想保证推广效果，必须要对行业热搜词进行推广，因此，加词的时候更加注重关键词的搜索人气、点击率、转化率等数据。首先找出行业的热搜词，并剔除与推广商品不相关的关键词，将行业热搜词填写在表 2–1–3 中。

表 2-1-3　行业热搜词统计表

序号	关键词	搜索热度	点击率	转化率
1				
2				
3				
4				
5				
6				
7				
8				
9				
10				

2. 新品或滞销品的市场竞争度较低，单靠推广行业热搜词，花费会相对较高，为了适当降低关键词的平均点击花费，还要推广部分具有搜索热度的精准长尾词实现精准引流，因此，还需找出具有一定搜索热度的精准长尾词，将精准长尾词填入表 2–1–4 中。

表 2-1-4　精准长尾词统计表

序号	关键词	搜索热度	点击率	转化率
1				
2				

续表

序号	关键词	搜索热度	点击率	转化率
3				
4				
5				
6				
7				
8				
9				
10				

任务操作 1：点击“添加关键词”，如图 2–1–7 所示。

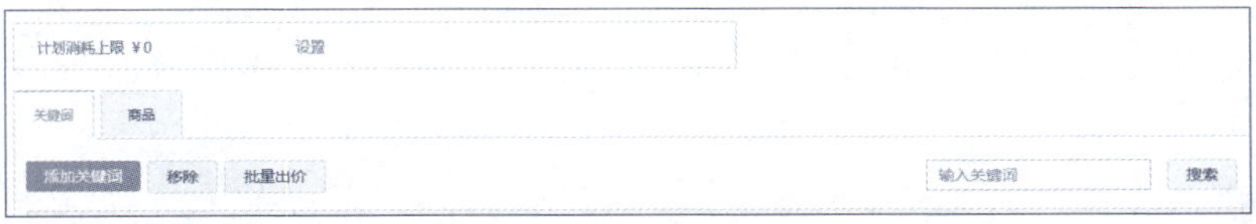

图 2–1–7　添加关键词

任务操作 2：选择或输入关键词，点击“确认添加”，如图 2–1–8 所示。

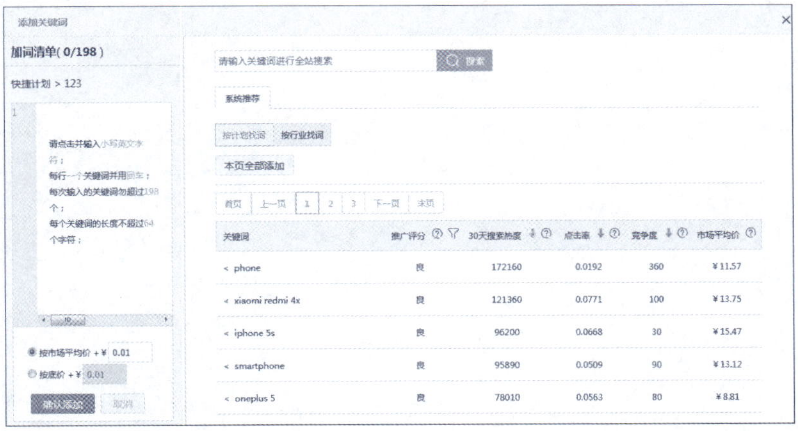

图 2–1–8　选择或输入关键词

任务思考

1. 标品类目的关键词与非标品类目关键词有何不同？

____

____

____

____

2. 如何保证添加关键词的质量分？

1.2　低竞争力商品销售行业关键词添加（百度）

任务目标

1. 能够制定低竞争力商品销售行业的推广关键词策略
2. 能够对低竞争力商品销售行业进行推广关键词的添加

任务背景

三际数码官方旗舰店是由品牌官方企业授权的官网旗舰店，代理手机类目产品的商品销售。目前，三际数码官方旗舰店宝贝与描述相符评分为 4.8 分，比同行业平均水平低 0.64%，卖家的服务态度评分为 4.7 分，与同行业平均水平持平。网站的展现、点击效果较差，行业竞争力较弱。

辰辰是三际数码官方旗舰店的百度推广负责人，为了提高店铺与商品的展现量与点击量，提升品牌知名度，辰辰决定对商家进行百度搜索推广，并进行推广关键词的添加。

任务分析

经过分析了解到，三际数码官方旗舰店虽然商品品质有保证，但其品牌知名度较弱，整体的展现量、点击量、点击率数据较差，竞争力较弱，这就需要在关键词添加时尽可能添加具有一定搜索人气的精准长尾词，实现精准引流，还要添加核心词、通用词等热门搜索关键词，保证推广效果。

任务操作

一、新建推广计划与推广单元

任务操作 1：点击“新建计划”，选择推广业务，点击“继续”，填写推广计划名称，设置推广地域与推广时段，设置设备出价，填写预算金额。点击“保存并新建单元”，如图 2–1–4 所示。

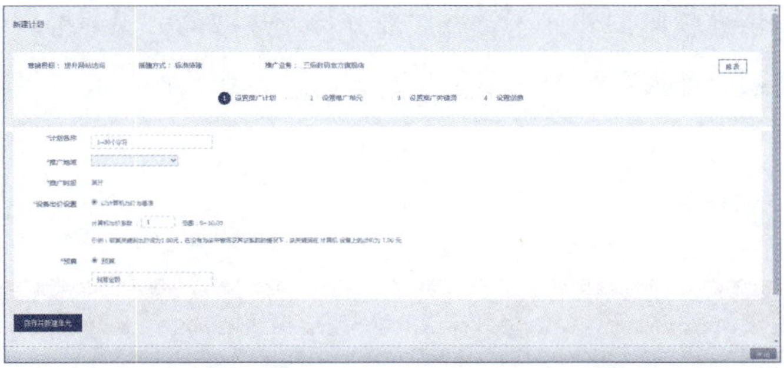

图 2–1–4　新建计划

2

任务操作 2：点击“设置推广单元”，填写推广单元名称，设置单元出价，设置计算机出价系数。点击“下一步添加关键词”，如图 2–1–5 所示。

图 2–1–5　设置推广单元

二、添加关键词

1. 低竞争力行业的市场竞争度较低，可通过大量添加精准长尾词的方法实现促活的目的，同时关键词要具有一定的搜索人气，请将需要添加的精准长尾词填写在表 2–1–3 中。

表 2–1–3　精准长尾词统计表

序号	关键词	搜索人气	点击率	转化率
1				
2				
3				
4				
5				
6				
7				
8				
9				
10				

2. 除添加大量精准长尾词外，还要添加部分行业热搜词，保证推广效果，对添加的行业热搜词，要与商家业务内容与商品信息具有相关性，相关性越高，推广效果越好，将行业热搜词添加到表 2–1–4 中。

表 2–1–4　行业热搜词统计表

序号	关键词	搜索人气	点击率	转化率
1				
2				

续表

序号	关键词	搜索人气	点击率	转化率
3				
4				
5				
6				
7				
8				
9				
10				

任务操作：点击“添加关键词”，搜索所需关键词，例如，可在系统中输入“手机”，点击查询，勾选所需关键词。点击“确定”，如图 2-1-6 所示。

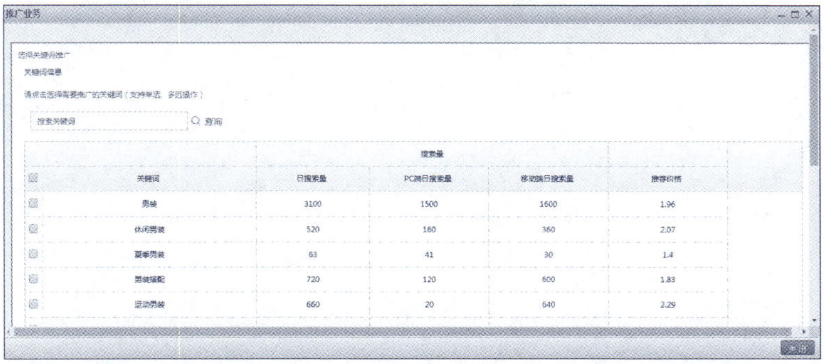

图 2-1-6　选择需要推广的关键词

任务思考

1. 低竞争力商品销售行业在添加关键词时，应首先考虑关键词的哪些要素？

2. 如何添加关键词才能在保证有搜索量的同时尽可能地降低花费？

1.3　非标品爆款关键词添加（淘宝）

任务目标

1. 能够制定非标品爆款关键词策略

2. 能够对非标品爆款进行直通车推广关键词的添加

任务背景

小雅是一家皇冠女装店铺的淘宝推广负责人，在前期对具有爆款潜力的商品“海边度假雪纺连衣裙女装新款潮流裙子夏季高腰法式淑女裙子”进行了 SEO 推广，为了更好地打造爆款，小雅决定继续对爆款商品在给定的推广资金范围内进行直通车推广。为了更好地进行关键词的管理，控制花费，小雅对商品单独建立了标准推广计划，进行关键词的添加。

任务分析

爆款商品推广策略的核心是与同行业卖家竞争最大流量入口，使商品达到行业曝光热度最大化。因此，爆款商品直通车推广关键词的选择应优先选择行业内的热搜词，以引入大量的流量。

非标品类目的关键词较多，关键词的竞争度相对较低，因此，在添加关键词时，可以偏向于行业内的属性词、短词或品牌词等热搜词，适当地增加精准长尾词来实现精准引流，并降低关键词的平均点击花费。

任务操作

一、新建推广计划与推广单元

任务操作 1：点击“新建推广计划”，填写推广计划名称，选择推广计划类型，点击“确定”，如图 2-1-9 所示。

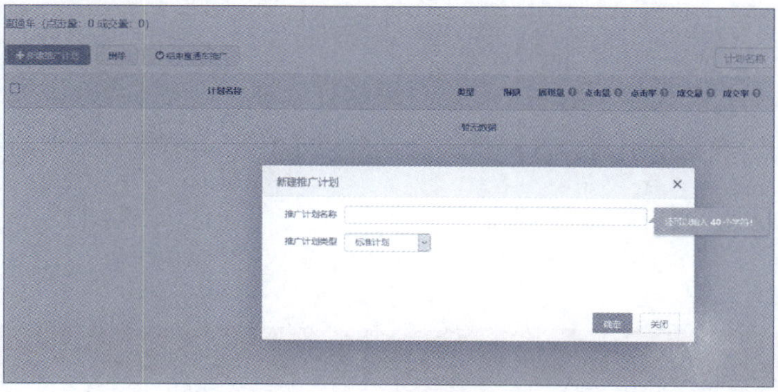

图 2-1-9　新建推广计划

任务操作 2：点击“新建推广单元”，选择推广宝贝，点击“下一步”，如图 2–1–10 所示。

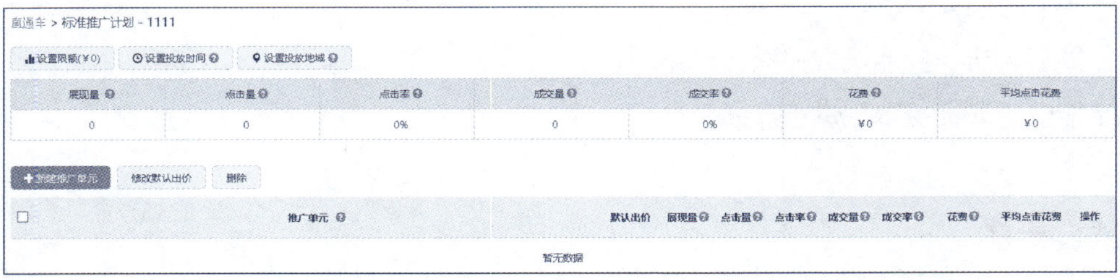

图 2–1–10 新建推广单元

二、关键词添加

非标品爆款适合行业热搜词，因此，加词的时候更加注重关键词的搜索人气、点击率、转化率等数据。首先找出行业的热搜词，并根据商品信息判断相关性，剔除不相关或者低相关关键词，并将行业热搜词填写在表 2–1–5 中。

表 2–1–5 行业热搜词统计表

序号	关键词	搜索人气	点击率	转化率	竞争指数
1					
2					
3					
4					
5					
6					
7					
8					
9					
10					

由于非标品类目的搜索词较多，在进行爆款打造时，还应适当地添加具有一定搜索人气的精准长尾词实现精准引流，并降低关键词的点击花费，请将要添加的精准长尾词填写在表 2–1–6 中。

表 2–1–6 精准长尾词统计表

序号	关键词	搜索人气	点击率	转化率
1				
2				

续表

序号	关键词	搜索人气	点击率	转化率
3				
4				
5				
6				
7				
8				
9				
10				

当手动输入通过其他渠道挖掘到的关键词时，同样要考虑关键词的搜索人气、点击率、转化率、竞争度、相关性等因素。

任务操作 1：点击“添加关键词”，如图 2–1–11 所示。

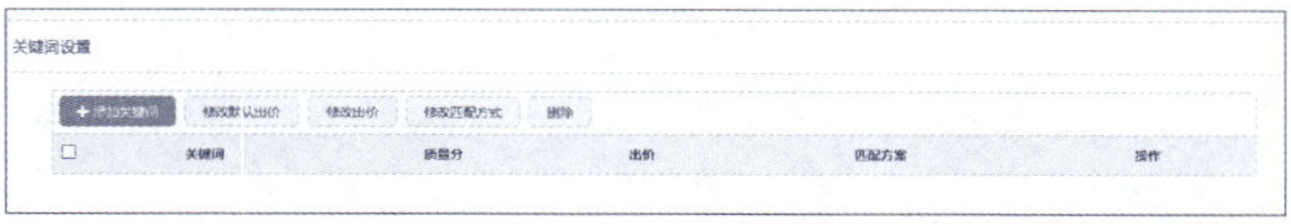

图 2–1–11　添加关键词

任务操作 2：选择或输入关键词，点击“确认添加”，如图 2–1–12 所示。

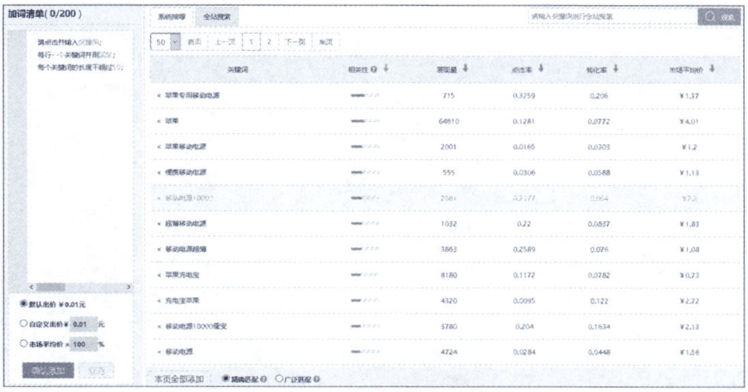

图 2–1–12　选择或输入关键词

任务思考

1. 非标品类目的关键词有什么特点？

2. 爆款商品如何添加关键才能在保证有搜索量的同时尽可能地降低花费?

____

____

____

____

1.3 非标品爆款关键词添加（速卖通）

任务目标

1. 能够制定非标品爆款关键词策略

2. 能够对非标品爆款进行直通车推广关键词的添加

任务背景

Mary 是一家皇冠女装网店的速卖通推广负责人，在前期对具有爆款潜力的商品“New Blouse Women Casual Striped Top Shirts Blouses Female Loose Blusas Autumn Fall Casual Ladies Office Blouses Top Sexy”进行了 SEO 推广，为了更好地打造爆款，Mary 决定继续对爆款商品在给定的推广资金范围内进行直通车推广。为了更好地进行关键词的管理，控制花费，Mary 对商品单独建立了标准推广计划，进行关键词的添加。

任务分析

爆款商品推广策略的核心是与同行业卖家竞争最大流量入口，使商品达到行业曝光热度最大化。因此，爆款商品直通车推广关键词的选择应优先选择行业内的热搜词，以引入大量的流量。

非标品类目的关键词较多，关键词的竞争度相对较低，因此，在添加关键词时，可以偏向于行业内的属性词、短词或品牌词等热搜词，适当地增加精准长尾词来实现精准引流，并降低关键词的平均点击花费。

任务操作

一、新建推广计划与推广单元

任务操作 1：点击“新建推广计划”，填写推广计划名称，选择推广计划类型，点击“开始创建”，如图 2–1–9 所示。

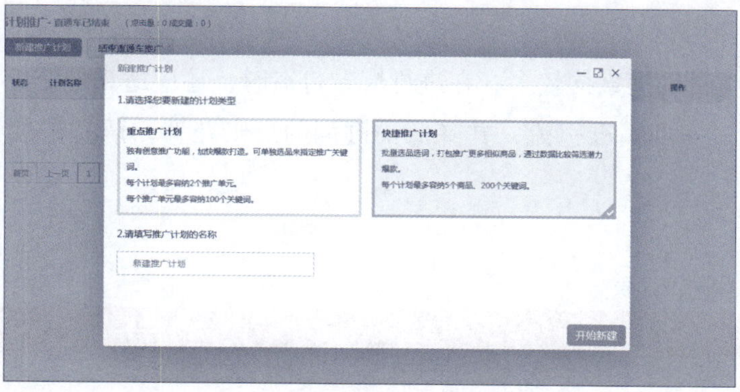

图 2–1–9 新建推广计划

任务操作 2：点击“新建推广计划”，选择推广宝贝，点击“下一步”，如图 2–1–10 所示。

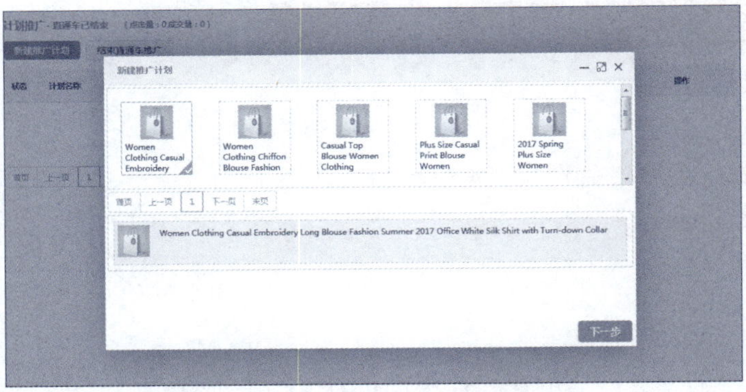

图 2-1-10　选择推广宝贝

二、关键词添加

非标品爆款适合行业热搜词，因此，加词的时候更加注重关键词的搜索人气、点击率、转化率等数据。首先找出行业的热搜词，并根据商品信息判断相关性，剔除不相关或者低相关关键词，请将行业热搜词填写到表 2-1-5 中。

表 2-1-5　行业热搜词统计表

序号	关键词	搜索人气	点击率	转化率	竞争指数
1					
2					
3					
4					
5					
6					
7					
8					
9					
10					

由于非标品类目的搜索词较多，在进行爆款打造时，还应适当地添加具有一定搜索人气的精准长尾词，实现精准引流，并降低关键词的点击花费，请将精准长尾词添加到表 2-1-6 中。

表 2-1-6　精准长尾词统计表

序号	关键词	搜索人气	点击率	转化率
1				
2				

续表

序号	关键词	搜索人气	点击率	转化率
3				
4				
5				
6				
7				
8				
9				
10				

当手动输入通过其他渠道挖掘到的关键词时，同样要考虑关键词的搜索人气、点击率、转化率、竞争度、相关性等因素。

任务操作 1：点击“添加关键词”，如图 2–1–11 所示。

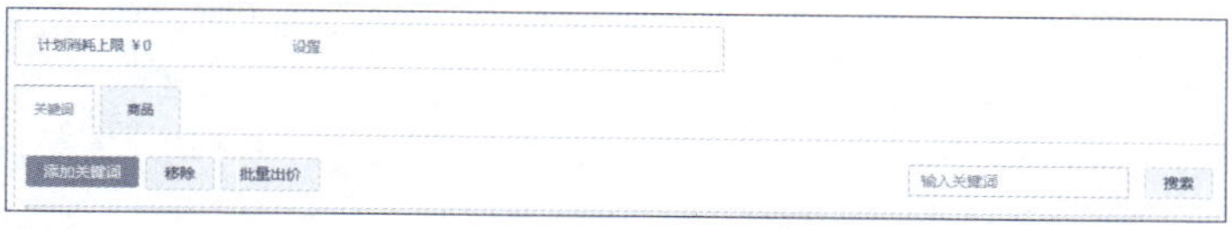

图 2–1–11　添加关键词

任务操作 2：选择或输入关键词，点击“确认添加”，如图 2–1–12 所示。

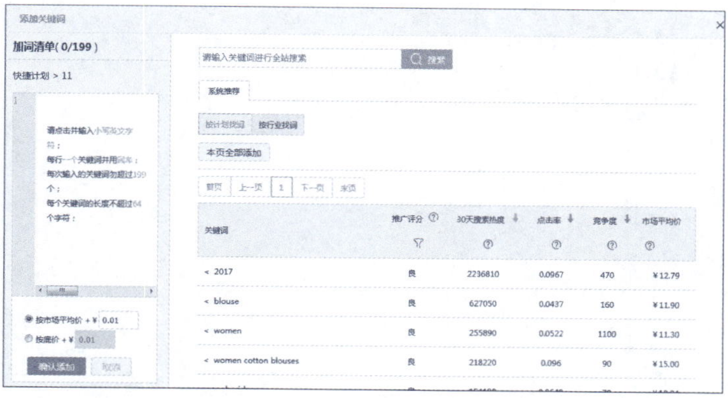

图 2–1–12　选择或输入关键词

任务思考

1. 非标品类目的关键词有什么特点？

2. 爆款商品如何添加关键词才能在保证有搜索量的同时尽可能地降低花费？

速卖通直通车选词

______

______

______

______

1.3　关键词匹配方式设置（百度）

任务目标

1. 能够为商品推广关键词制定合理的匹配方式
2. 能够根据关键词匹配方式的设置，删除无用关键词

任务背景

不同的关键词有不同的特点，在不同的情况下设置不同的匹配方式，往往能达到不同的推广效果。

辰辰是华为商城和三际数码官方旗舰店的百度推广负责人，为了达到更好的推广效果，辰辰开始为负责的推广目标华为商城与三际数码官方旗舰店的百度搜索推广账户的推广关键词设置匹配方式。

任务分析

不同的关键词设置不同的匹配方式引流效果不同、花费不同。设置广泛匹配可以实现大量引流，但花费较高，设置精准匹配可以降低花费，但是流量也就降低。在进行百度推广时需根据具体推广关键词列表中的关键词和推广资金设置匹配方式。

任务操作

一、分析推广词列表

1. 查看关键词列表中已有关键词，假设全部设置中心匹配，搜索核心词、品牌词、属性词，分析能够搜索到的相关关键词，并将搜索到的中心匹配关键词填写在表 2-1-5 中。

表 2-1-5　中心匹配关键词表

搜索词	相关关键词				

2. 查看关键词列表中已有关键词，假设全部设置广泛匹配，搜索核心词、品牌词、属性词，分析能够搜索到的广泛匹配关键词，并将其填入表 2-1-6。

表 2-1-6　广泛匹配关键词表

搜索词	相关关键词				

二、设置匹配方式

根据推广资金、推广列表中的关键词与关键词个数、关键词预估流量，合理设置匹配方式。

另外，对于能够广泛匹配到的关键词，修改匹配方式或删除低质量分的关键词，避免出现无用关键词。

任务操作 1：找到相应的关键词，点击“新建关键词”，在弹出窗口“关键词规划师”中选择修改关键词匹配方式的目标单元，勾选“关键词”，点击“匹配方式”，如图 2-1-7 所示。

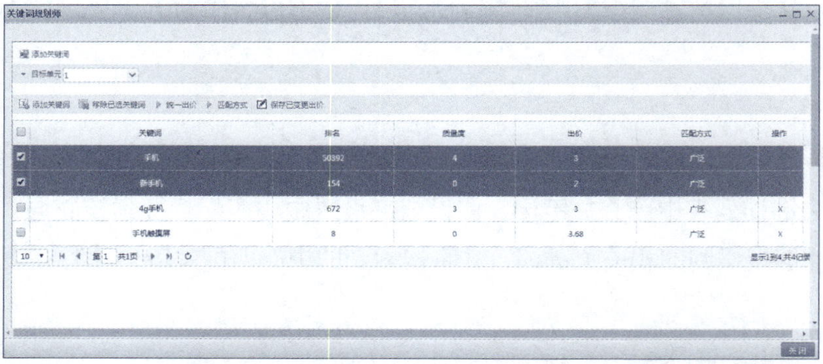

图 2-1-7　找到相应的关键词

任务操作 2：选择匹配方式，点击“确认”，如图 2-1-8 所示。

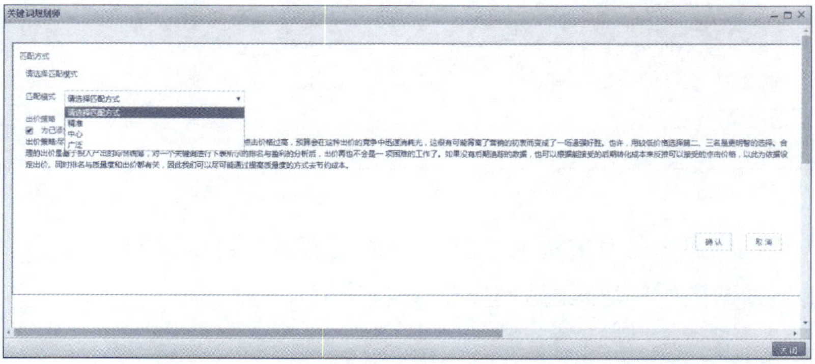

图 2-1-8　选择匹配方式

任务操作 3：删除关键词，勾选“关键词”，点击“X”，如图 2-1-9 所示。

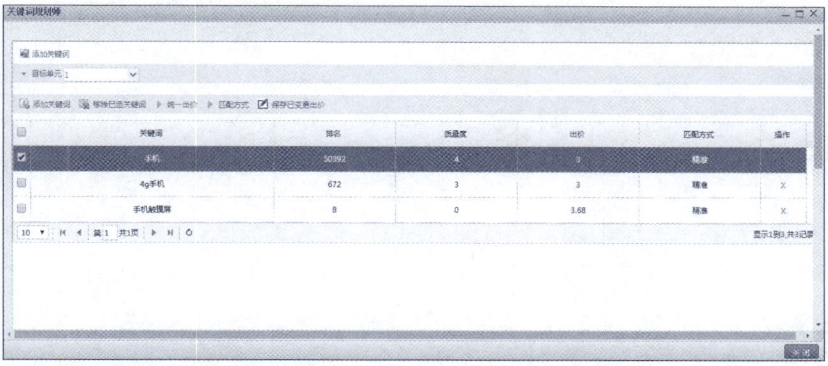

图 2-1-9 删除关键词

任务思考

1. 精准匹配、中心匹配、广泛匹配有什么关系？

2. 精准匹配、中心匹配、广泛匹配各有什么优劣势？

1.4　非标品新品 / 滞销品关键词添加（淘宝）

任务目标

1. 能够制定非标品新品 / 滞销品关键词策略
2. 能够对非标品新品 / 滞销品进行直通车推广关键词的添加

任务背景

小雅作为一家皇冠女装店铺的淘宝推广负责人，观察到商品“百驼真丝春夏新款杭州大牌直筒桑蚕丝印花长裙”的交易转化数据较差，存在滞销的倾向，为了实现滞销品的促活，小雅决定对该商品在给定的资金范围内进行直通车推广。为了更好地进行关键词的管理，控制花费，小雅对商品单独建立了一个标准推广计划，进行关键词的添加。

任务分析

新品或滞销品推广策略的核心是通过避开行业竞争大词，通过争取大批量精准关键词流量的方式实现商品的推广。非标品类目商品属性、特征丰富，关键词较多，新品或滞销品的市场竞争力较弱，但精准长尾词的竞争度较低。因此，在添加关键词时可以通过添加大量精准长尾词的方法，抢占大批量精准流量，降低关键词的平均点击花费，并适当添加行业热搜词，抢占部分行业热门关键词流量，保证推广效果。

任务操作

一、新建推广计划与推广单元

任务操作 1：点击“新建推广计划”，填写推广计划名称，选择推广计划类型，点击“确定”，如图 2-1-13 所示。

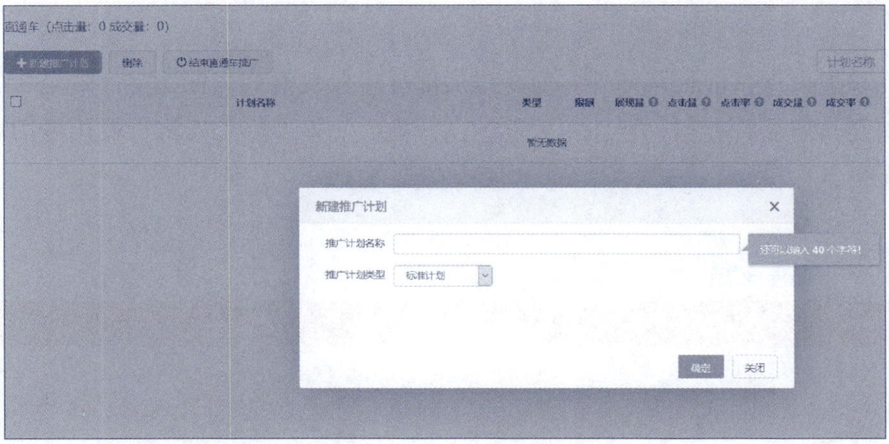

图 2-1-13　新建推广计划

任务操作 2：点击“新建推广单元”，选择推广宝贝，如图 2-1-14 所示。

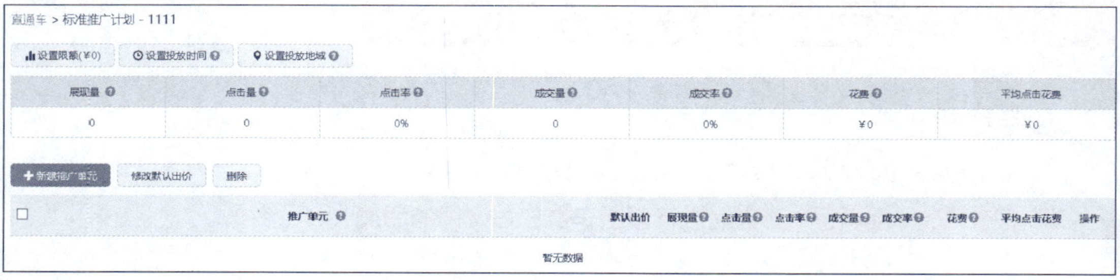

图 2-1-14 选择推广宝贝

二、关键词添加

1. 新品或滞销品的市场竞争度较低，可通过大量添加精准长尾词的方法实现商品促活的目的，同时关键词要具有一定的搜索人气。请将需要添加的精准长尾词填写在表 2-1-7 中。

表 2-1-7 精准长尾词统计表

序号	关键词	搜索人气	点击率	转化率
1				
2				
3				
4				
5				
6				
7				
8				
9				
10				

2. 除添加大量精准长尾词外，还要添加部分行业热搜词，保证推广效果，添加的行业热搜词要与商品具有相关性，相关性越高，推广效果越好。请将行业热搜词填写在表 2-1-8 中。

表 2-1-8 行业热搜词统计表

序号	关键词	搜索人气	点击率	转化率
1				
2				
3				
4				

续表

序号	关键词	搜索人气	点击率	转化率
5				
6				
7				
8				
9				
10				

任务操作 1：点击“添加关键词”，如图 2–1–15 所示。

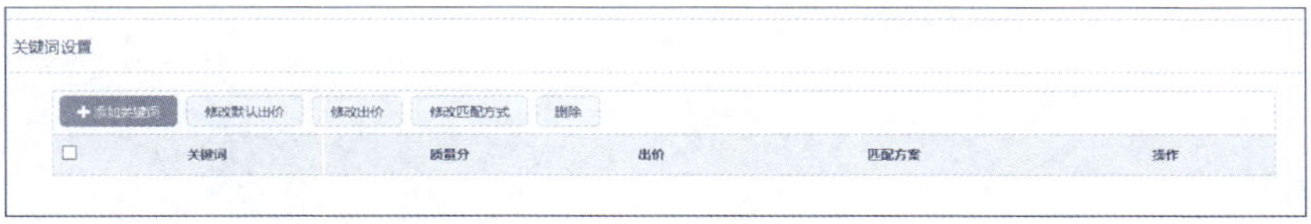

图 2–1–15　添加关键词

任务操作 2：选择或输入关键词，点击“确认添加”，如图 2–1–16 所示。

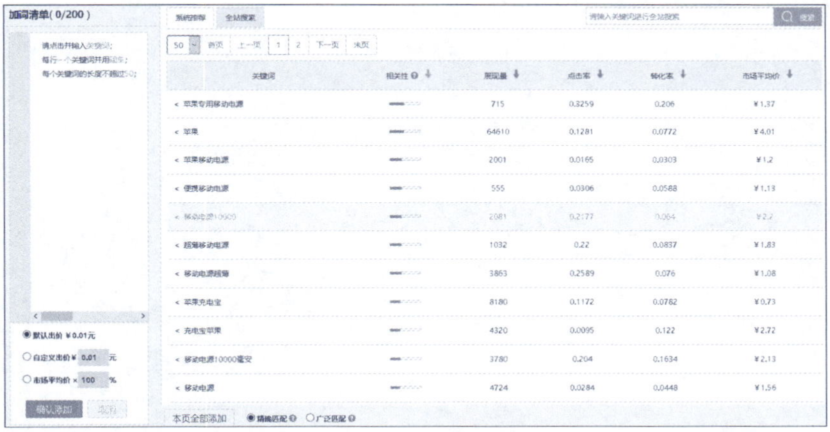

图 2–1–16　选择或输入关键词

任务思考

1. 非标品新品 / 滞销品关键词添加过程中首先要考虑的因素是什么？

选词与出价

2. 非标品新品 / 滞销品应如何挖掘关键词？

____

____

____

____

1.4　非标品新品 / 滞销品关键词添加（速卖通）

任务目标

1. 能够制定非标品新品 / 滞销品关键词策略

2. 能够对非标品新品 / 滞销品进行直通车推广关键词的添加

任务背景

Mary 是一家皇冠女装店铺的速卖通推广负责人，观察到商品“Fashion Women Casual Tops O Neck Ladies Baggy Shirt Blouse Loose Lantern Sleeve Ploka Dot Chiffon Elegant Holiday Clothes”的交易转化数据较差，存在滞销的倾向，为了实现滞销品的促活，Mary 决定对该商品在给定的资金范围内进行直通车推广。为了更好地进行关键词的管理，控制花费，Mary 对商品单独建立了一个标准推广计划，进行关键词的添加。

任务分析

新品或滞销品推广策略的核心是通过避开行业竞争大词，通过争取大批量精准关键词流量的方式实现商品的推广。非标品类目商品属性、特征丰富，关键词较多，新品或滞销品的市场竞争力较弱，但精准长尾词的竞争度较低。因此，在添加关键词时，可以通过添加大量精准长尾词的方法，抢占大批量精准流量，降低关键词的平均点击花费，并适当添加行业热搜词，抢占部分行业热门关键词流量，保证推广效果。

任务操作

一、新建推广计划与推广单元

任务操作 1：点击“新建推广计划”，填写推广计划的名称，选择要新建的计划类型，点击“开始新建”，如图 2-1-13 所示。

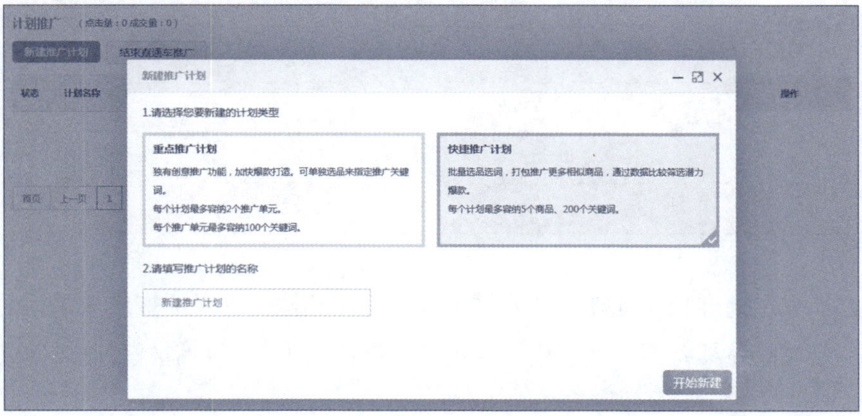

图 2-1-13　新建推广计划

任务操作 2：点击“新建推广计划”，选择推广宝贝，点击“下一步”，如图 2-1-14 所示。

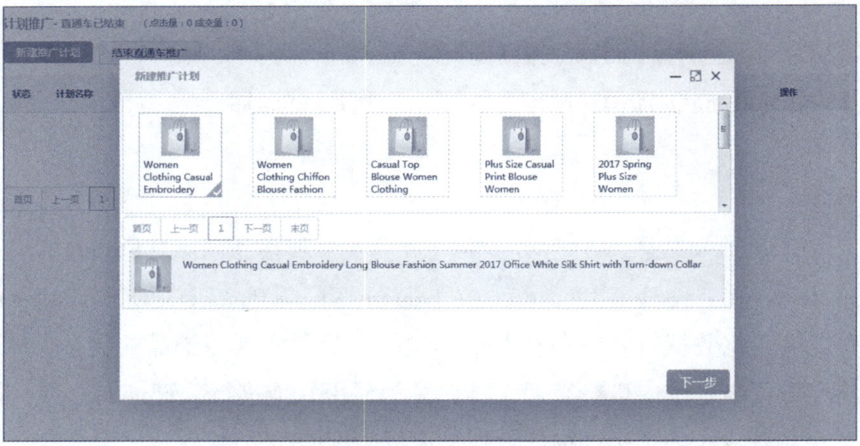

图 2-1-14　选择推广宝贝

二、关键词添加

1. 新品或滞销品的市场竞争度较低，可通过大量添加精准长尾词的方法实现商品促活的目的，同时关键词要具有一定的搜索人气。请将精准长尾词填写在表 2-1-7 中。

表 2-1-7　精准长尾词统计表

序号	关键词	搜索人气	点击率	转化率
1				
2				
3				
4				
5				
6				
7				
8				
9				
10				

2. 除添加大量精准长尾词外，还要添加部分行业热搜词，保证推广效果，对添加的行业热搜词，要与商品具有相关性，相关性越高，推广效果越好。请将行业热搜词添加到表 2-1-8 中。

表 2-1-8　行业热搜词统计表

序号	关键词	搜索人气	点击率	转化率
1				
2				
3				
4				
5				
6				
7				
8				
9				
10				

任务操作 1：点击“添加关键词”，如图 2-1-15 所示。

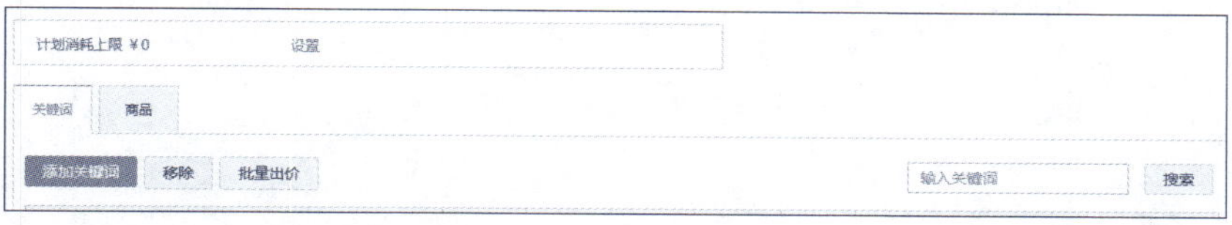

图 2-1-15　添加关键词

任务操作 2：选择或输入关键词，点击“确认添加”，如图 2-1-16 所示。

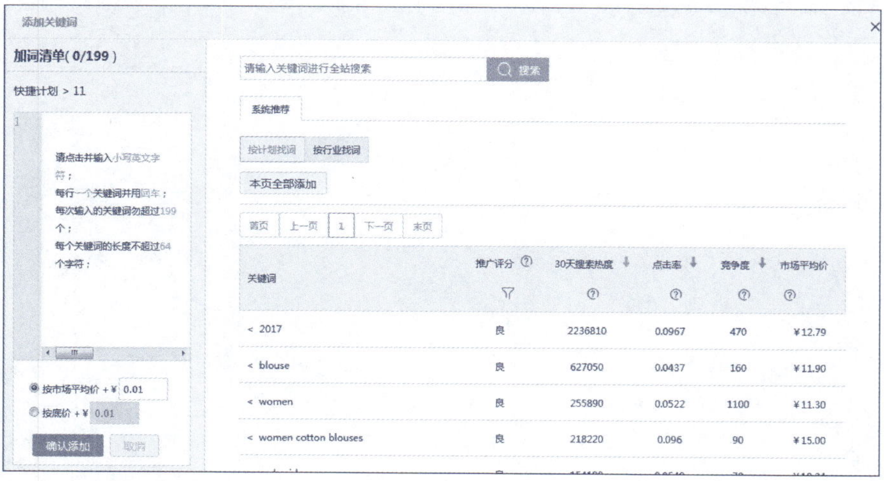

图 2-1-16　选择或输入关键词

任务思考

1. 非标品新品 / 滞销品关键词添加过程中首先要考虑的因素是什么？

2. 非标品新品 / 滞销品应如何挖掘关键词？

1.5　标品关键词匹配方式设置（淘宝）

任务目标

1. 能够为标品推广关键词制定合理的匹配方式
2. 能够根据关键词匹配方式的设置，删除无用关键词

任务背景

不同的关键词有不同的特点，在不同的情况下设置不同的匹配方式，往往能达到不同的推广效果。

小雅是一家手机数码配件网店的淘宝推广负责人，为了达到更好的推广效果，小雅开始为爆款潜力品“ROMOSS/ 罗马仕 20 000 毫安大容量充电宝便携正品移动电源”与滞销品“超薄小巧便携苹果专用移动电源无线迷 10 000 毫安大容量”推广的关键词设置匹配方式。

任务分析

不同的关键词设置不同的匹配方式所产生的引流效果不同、花费不同。标品类目关键词数量较少，多为热门短词，设置广泛匹配可以实现大量引流，但花费较高，设置精准匹配可以降低花费，但是流量也就降低。需根据具体推广关键词列表中的关键词和推广资金设置匹配方式。

任务操作

一、分析推广词列表

1. 为了保证所有的关键词均能够带来流量，所有关键词均要有搜索人气。借助实训系统关键词分析工具，手动输入通过加词清单手动输入的关键词，找出该关键词，对查找不到的关键词设置广泛匹配或删除关键词。

2. 查看关键词列表中已有关键词，假设全部设置广泛匹配，搜索核心词、品牌词、属性词，分析能够搜索到的广泛匹配关键词，并将其填入表 2–1–9 中。

表 2–1–9　广泛匹配关键词表

搜索词	相关关键词				

二、设置匹配方式

根据推广资金、推广列表中的关键词与关键词个数、关键词预估流量，合理设置匹配方式。

另外，对能够广泛匹配到的关键词，修改匹配方式或删除低质量分的关键词，避免出现无用关键词。

任务操作 1：找到相应的关键词，点击“修改匹配方式”，在弹出窗口修改关键词的匹配方式，点击“确定”。如图 2–1–17 所示。

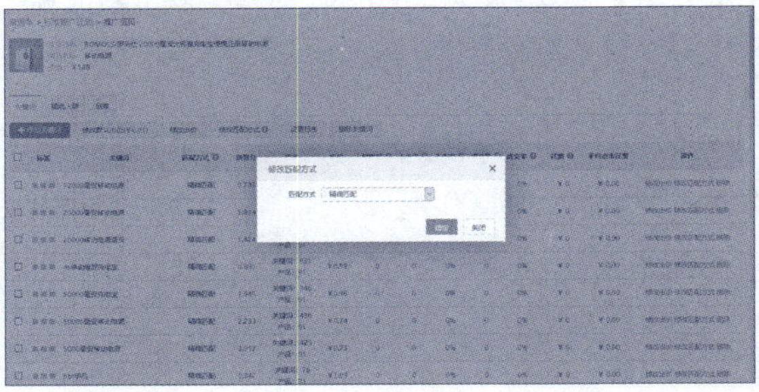

图 2–1–17　修改匹配方式

任务操作 2：找到需要删除的关键词，点击“确定”。如图 2–1–18 所示。

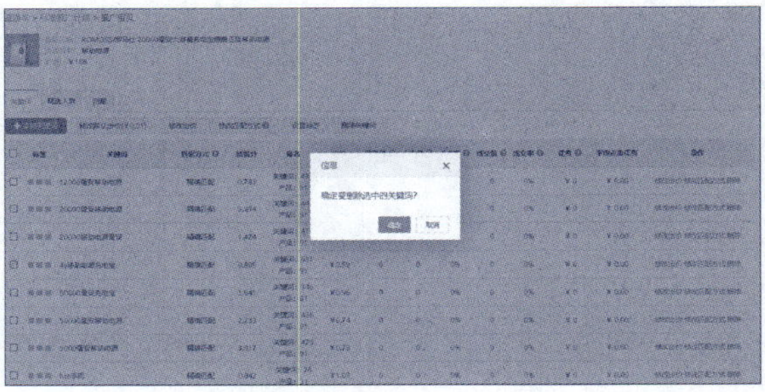

图 2–1–18　删除选中的关键词

任务思考

1. 精准长尾关键词设置精准匹配有什么优势？

2. 精准长尾关键词设置广泛匹配有什么优势？

1.6　非标品关键词匹配方式设置（淘宝）

任务目标

1. 能够为推广关键词制定合理的匹配方式

2. 能够根据关键词匹配方式的设置，删除无用关键词

任务背景

非标品类目的关键词较多，因此在推广关键词的匹配方式设置时，更需要合理设置，一方面获得合适的流量，另一方面控制花费。

小雅是一家皇冠女装店铺的淘宝推广负责人，需要为爆款潜力品“海边度假雪纺连衣裙女装新款潮流裙子夏季高腰法式淑女裙子”与滞销品“百驼真丝春夏新款杭州大牌直筒桑蚕丝印花长裙”推广的关键词设置匹配方式，最大限度地获得流量，降低关键词点击花费。

任务分析

不同的关键词设置不同的匹配方式引流效果不同、花费不同。非标品类目推广关键词数量相对较多，当设置精准匹配时引流效果有限，当设置广泛匹配时流量较大，但是花费也相对较多，另外，由于广泛匹配，会导致推广关键词列表中出现无用关键词，可结合推广关键词列表的具体情况设置匹配方式。

任务操作

一、分析推广词列表

1. 为了保证所有的关键词均能够带来流量，所有关键词均要有搜索人气。结合直通车推广关键词工具，搜索列表中手动输入的关键词，查看关键词的搜索人气，对无搜索人气的关键词设置广泛匹配或删除关键词。

2. 查看关键词列表中已有关键词，若全部设置广泛匹配，搜索核心词、品牌词、属性词，分析能够搜索到的广泛匹配关键词，并将其填入表 2-1-10。

表 2-1-10　广泛匹配关键词表

搜索词	相关关键词				

二、设置匹配方式

根据推广资金、推广列表中的关键词与关键词个数、关键词预估流量，合理设置匹配方式。

另外，对能够广泛匹配到的关键词，修改匹配方式或删除低质量分的关键词，避免出现无用关键词。

任务操作 1：找到相应的关键词，点击“修改匹配方式”，在弹出窗口修改关键词的匹配方式，点击“确定”。如图 2-1-19 所示。

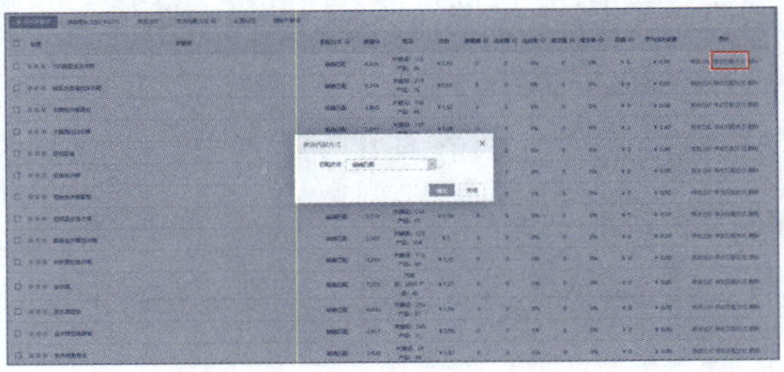

图 2-1-19　修改匹配方式

任务操作 2：找到需要删除的关键词，点击“确定”。如图 2-1-20 所示。

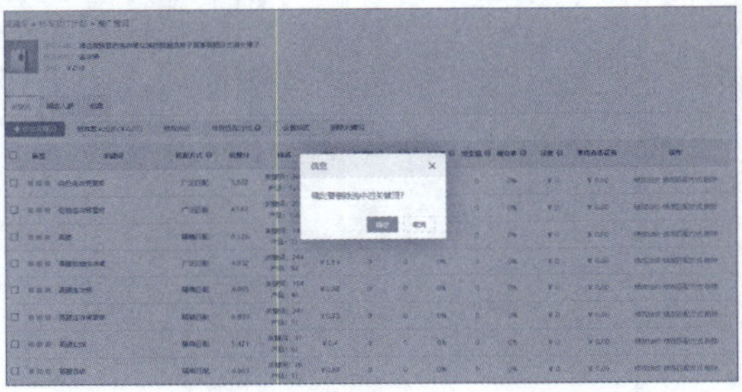

图 2-1-20　删除选中的关键词

任务思考

1. 关键词精准匹配与广泛匹配各有什么优劣势？

关键词匹配方式

2. 在一批相关关键词中，若设置广泛匹配，当买家搜索某一关键词时，哪个关键词参与排名？

任务二 关键词出价

2.1 标品爆款关键词出价（淘宝）

任务目标

1. 能为标品爆款商品的推广词制定合理的出价策略

2. 能对具体的关键词设置合理的出价

3. 能根据排名反馈与预估点击扣费调整关键词出价

任务背景

小雅是一家手机数码配件网店的淘宝推广负责人，关键词出价是竞价的核心过程，合理的关键词出价，可以直接降低推广费用，带来更好的推广效果。在设置完关键词的匹配方式后，小雅开始对爆款商品“ROMOSS/ 罗马仕 20 000 毫安大容量充电宝便携正品移动电源”的推广关键词逐一调整出价。

任务分析

爆款推广关键词策略更多考虑的是行业内的属性词、短词或品牌词等热搜词，适当地推广精准长尾词。由于标品类目推广词较少，竞争度较大，想要获得较好的排名，关键词的出价也会相对较高。对于部分花费较高的关键词，可以通过适当地降低关键词出价的方式，降低关键词的单次点击花费，并将节省的费用购买其他低竞争的热门词或精准长尾词。

任务操作

设置关键词出价

1. 关键词排名靠后，很难为商品带来流量。当修改关键词出价时，可以看到关键词的预估排名变化。因此，在出价时要保证关键词的预估排名在一定的范围之内。例如，排名在前三页时，推广效果较好。

2. 在调整出价时，不一定要始终保持在非常靠前的位置，因为在相同的质量分下，排名越靠前，出价越高，最终单次点击花费也就越高。又由于标品类目的关键词较少，竞争更为激烈，出价也相对较高。在关键词出价时，可以根据关键词的出价、质量分，大体估算关键词的单次点击花费。例如，假设下一名的关键词质量分与你的关键词质量分相同，下一名关键词的出价为你的出价减去 0.01 元，或假设下一名的关键词出价与你的关键词出价相同，下一名的质量分为你的关键词质量分减去 0.1 分。请将关键词质量分与其他相关信息填入表 2-2-1。

表 2-2-1　关键词质量分表

关键词	出价	质量分	排名	预估点击花费

当某个关键词的预估点击花费高出其他关键词的预估点击花费较多时，可以在能够带来流量的关键词排名范围之内，适当地降低关键词的出价。

爆款倾向的商品在市场竞争方面具有一定的优势，可以适当地提高核心词、品牌词、属性词等热门短词的出价，保证推广效果。

任务操作 1：在关键词添加时，可以对关键词批量调整出价，批量出价的方式主要有三种：默认出价、自定义出价、按市场平均价的百分比出价。添加关键词的界面如图 2-2-1 所示。

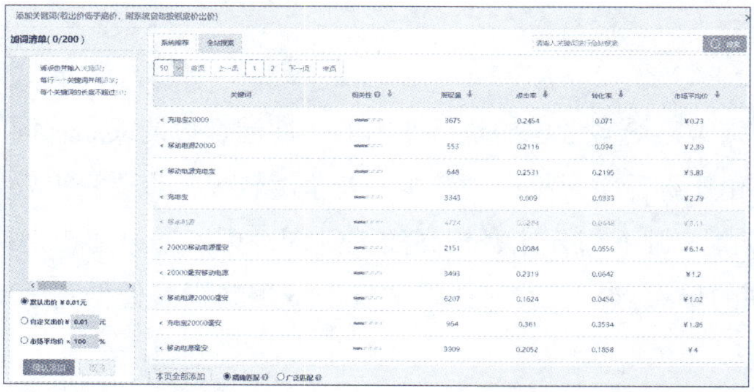

图 2-2-1　添加关键词

任务操作 2：逐一调整关键词的出价，如图 2-2-2 所示。

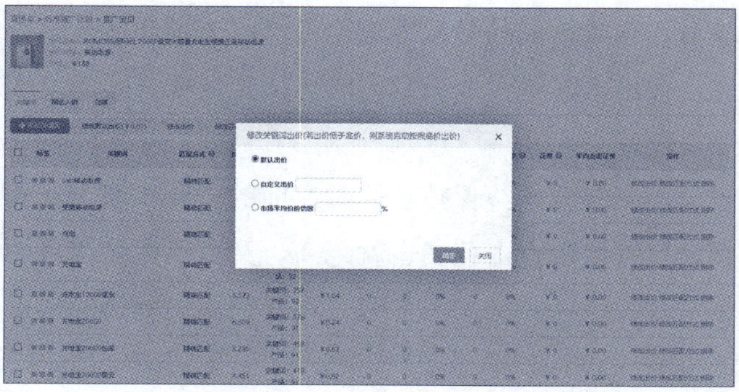

图 2-2-2　调整关键词的出价

任务思考

1. 关键词的单次点击花费是否等于关键词出价？关键词出价如何计算？

关键词出价

2. 若想降低某一关键词的单次点击花费，应如何操作？

2.1 标品爆款关键词出价（速卖通）

任务目标

1. 能为标品爆款商品的推广词制定合理的出价策略

2. 能对具体的关键词设置合理的出价

3. 能根据排名反馈与预估点击扣费调整关键词出价

任务背景

关键词出价是竞价的核心过程，合理的关键词出价，可以直接降低推广费用，带来更好的推广效果。在设置完关键词的匹配方式后，Mary 开始对爆款商品“Original PPTV V1 Mobile Phone 5.0 Inch Android 5.1 MT6735P Quad Core Smartphone 16GB 4G FDD-LTE Fingerprint PP5200 Cellphone”的推广关键词逐一调整出价。

任务分析

爆款推广关键词策略考虑更多的是行业内的属性词、短词或品牌词等热搜词，适当地推广精准长尾词。由于标品类目推广词较少，竞争度较大，想要获得较好的排名，关键词的出价也会相对较高。对于部分花费较高的关键词，可以通过适当地降低关键词出价的方式，降低关键词的单次点击花费，并将节省的费用购买其他低竞争的热门词或精准长尾词。

任务操作

设置关键词出价

1. 关键词排名靠后时，很难为商品带来流量。当修改关键词出价时，可以看到关键词的预估排名变化。因此，在出价时要保证关键词的预估排名在一定的范围之内。例如，排名在前三页时，推广效果较好。

2. 在调整出价时，不一定要始终保持在非常靠前的位置，因为在相同的质量分下，排名越靠前，出价越高，最终单次点击花费也就越高。又由于标品类目的关键词较少，竞争更为激烈，出价也相对较高。在关键词出价时，可以根据关键词的出价、质量分，大体估算关键词的单次点击花费。例如，假设下一名的关键词质量分与你的关键词质量分相同，下一名关键词的出价为你的出价减去 0.01 元，或假设下一名的关键词出价与你的关键词出价相同，下一名的质量分为你的关键词质量分减去 0.1 分。请将关键词出价及其他信息填入表 2-2-1。

表 2-2-1　关键词质量分

关键词	出价	质量分	排名	预估点击花费

当某个关键词的预估点击花费高出其他关键词的预估点击花费较多时，可以在能够带来流量的关键词排名范围之内，适当地降低关键词的出价。

爆款倾向的商品在市场竞争方面具有一定的优势，可以适当地提高核心词、品牌词、属性词等热门短词的出价，保证推广效果。

任务操作 1：在关键词添加时，可以对关键词批量调整出价，批量调整出价的方式主要有两种：按市场平均价的百分比出价、按底价的百分比出价，如图 2-2-1 所示。

图 2-2-1　批量调整出价

任务操作 2：逐一调整关键词的出价，如图 2-2-2 所示。

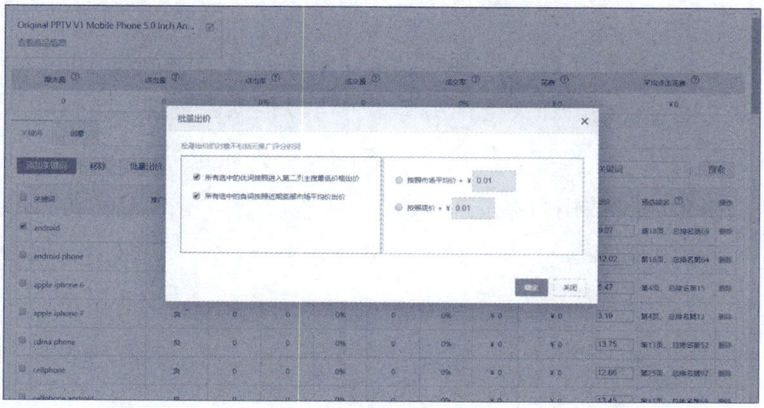

图 2-2-2　逐一调整关键词出价

任务思考

1. 关键词的单次点击花费是否等于关键词出价？关键词出价如何计算？

直通车关键词出价技巧

2. 若想降低某一关键词的单次点击花费，应如何操作？

2.1　高竞争力商品销售行业关键词出价（百度）

任务目标

1. 能够制定高竞争力商品关键词策略

2. 能够对高竞争力商品进行直通车推广关键词的添加

任务背景

关键词出价是竞价的核心过程，合理的关键词出价，可以直接降低推广费用，带来更好的推广效果。华为商城是华为旗下面向全国服务的电子商务平台官网。目前，网站的展现、点击效果较好，在同行业中具有较强的竞争力。

辰辰是华为商城的百度推广负责人，为了更好地控制花费，辰辰开始对华为商品百度推广账户的推广关键词逐一调整出价。

任务分析

爆款推广关键词策略更多考虑的是行业内的核心词、通用词或品牌词等热搜词，适当地推广精准长尾词。由于行业热门关键词的竞争相对激烈，想要获得较好的排名，关键词的出价也会相对较高。对于部分花费较高的关键词，可以通过适当地降低关键词出价的方式降低关键词的单次点击花费，并将节省的费用购买其他低竞争的热门词或精准长尾词。

任务操作

设置关键词出价

1. 关键词排名靠后，很难为商品带来流量。当修改关键词出价时，可以看到关键词的预估排名变化。因此，在出价时要保证关键词的预估排名在一定的范围之内。例如，排名在前三页时，推广效果较好。

2. 在调整出价时，不一定要始终保持在非常靠前的位置，因为在相同的质量分下，排名越靠前，出价越高，最终单次点击花费也就越高。在关键词出价时，可以根据关键词的出价、质量分，大体估算关键词的单次点击花费。例如，假设下一名的关键词质量分与你的关键词质量分相同，下一名关键词的出价为你的出价减去 0.01 元，或假设下一名的关键词出价与你的关键词出价相同，下一名的质量分为你的关键词质量分减去 0.1 分。请将关键词出价和其他相关信息填入表 2–2–1。

表 2–2–1　关键词质量分统计表

关键词	出价	质量分	排名	预估点击花费

续表

关键词	出价	质量分	排名	预估点击花费

当某个关键词的预估点击花费高出其他关键词的预估点击花费较多时，可以在能够带来流量的关键词排名范围之内，适当地降低关键词的出价。

高竞争力商品在市场竞争方面具有一定的优势，可以适当地提高核心词、品牌词、属性词等热门短词的出价，保证推广效果。

任务操作 1：在关键词添加时，可以得到关键词的推荐价格，即实训系统给出的默认价格，勾选所需关键词。如图 2–2–1 所示。

图 2–2–1　选择需要推广的关键词

任务操作 2：调整关键词的出价。可勾选一个或多个需要关键词，调整出价，点击“保存已变更出价”。如图 2–2–2 所示。

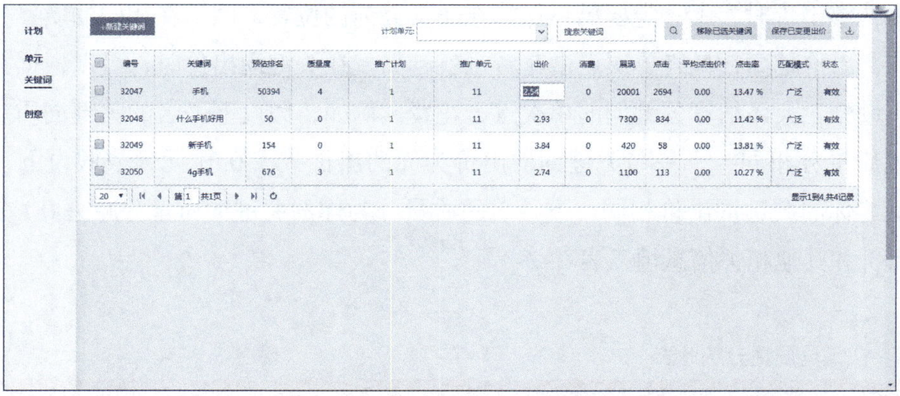

图 2–2–2　调整关键词的出价

任务操作 3：统一出价。点击“添加关键词”，选择出价的目标单元，勾选调整出价的关键词，点击“统一出价”。点击“确认”。如图 2-2-3 所示。

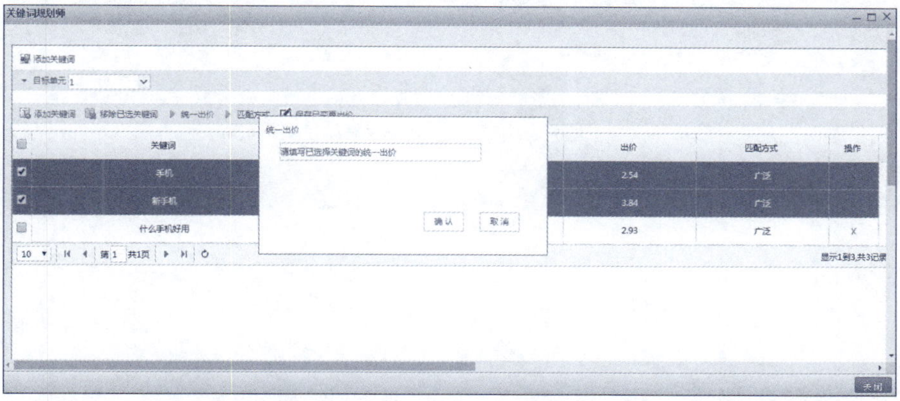

图 2-2-3　统一出价

任务思考

1. 关键词的单次点击花费是否等于关键词出价？关键词出价如何计算？

搜索推广关键词出价

2. 若想降低某一关键词的单次点击花费，应如何操作？

2.2　标品新品 / 滞销品关键词出价（淘宝）

任务目标

1. 能为标品新品 / 滞销品推广词制定合理的出价策略
2. 能对具体的关键词设置合理的出价
3. 能根据排名反馈与预估点击扣费调整关键词出价

任务背景

在设置完标品类目的爆款商品直通车推广关键词的出价后，小雅开始为具有滞销倾向的商品“超薄小巧便携苹果专用移动电源无线迷 10 000 毫安大容量”的推广关键词设置出价。新品或滞销品的市场竞争力较弱，若想获得足够的流量，关键词的出价尤为重要，为了获得更好的推广效果，尽可能地降低推广费用，小雅开始对推广关键词逐一调整出价。

任务分析

新品或滞销品推广策略的核心是通过避开行业竞争大词，争取大批量精准关键词流量的方式实现商品推广。精准关键词的搜索人气有限，且标品类目多为属性词、品牌词、核心词，但新品或滞销品的市场竞争力较弱，这就需要在关键词出价时不仅要提高仅有的精准长尾词的出价，抢占精准流量，还要提高属性词、品牌词、核心词等热门搜索关键词的出价，保证推广效果。

任务操作

设置关键词出价

1. 关键词排名靠后时，很难为商品带来流量。当修改关键词出价时，可以看到关键词的预估排名变化。因此，在出价时，要保证关键词的预估排名在一定的范围之内。例如，排名在前三页时，推广效果较好。

2. 新品或滞销品的市场竞争力较弱，在出价时可以尽可能地提高精准关键词的出价，最大化地获取关键词流量。标品类目关键词较少，还需适当地提高核心词、品牌词、属性词等热门短词的出价，保证推广效果，但不一定始终保持在非常靠前的位置，因为在相同的质量分下，排名越高，出价越高，最终单次点击花费也就越高。在关键词出价时，可以根据关键词的出价、质量分，大体估算关键词的单次点击花费。例如，假设下一名的关键词质量分与你的关键词质量分相同，下一名关键词的出价为你的出价减去 0.01 元；或假设下一名的关键词出价与你的关键词出价相同，下一名的质量分为你的关键词质量分减去 0.1 分。请将关键词出价和其他相关信息填入表 2-2-2。

表 2-2-2　关键词质量分表

关键词	出价	质量分	排名	预估点击花费

当某个关键词的预估点击花费高出其他关键词的预估点击花费较多时，可以在能够带来流量的关键词排名范围之内，适当地降低关键词的出价。

任务操作 1：在关键词添加时，可以对关键词批量调整出价，批量调整出价的方式主要有三种：默认出价、自定义出价、按市场平均价的百分比出价。如图 2–2–3 所示。

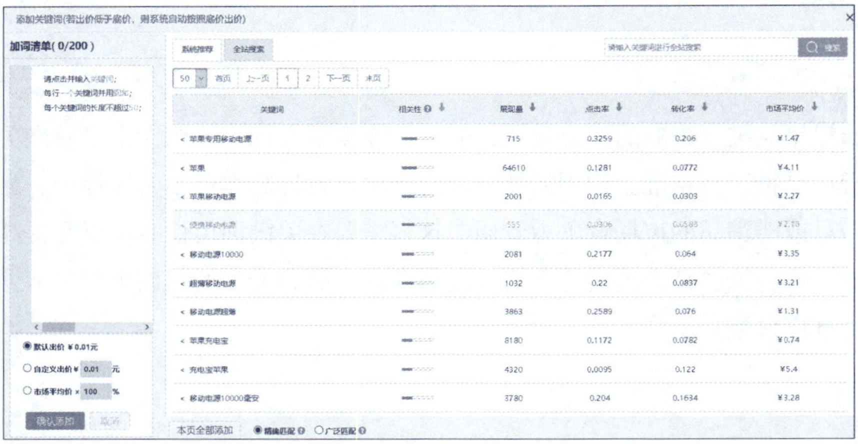

图 2–2–3　批量调整出价

任务操作 2：逐一调整关键词的出价。如图 2–2–4 所示。

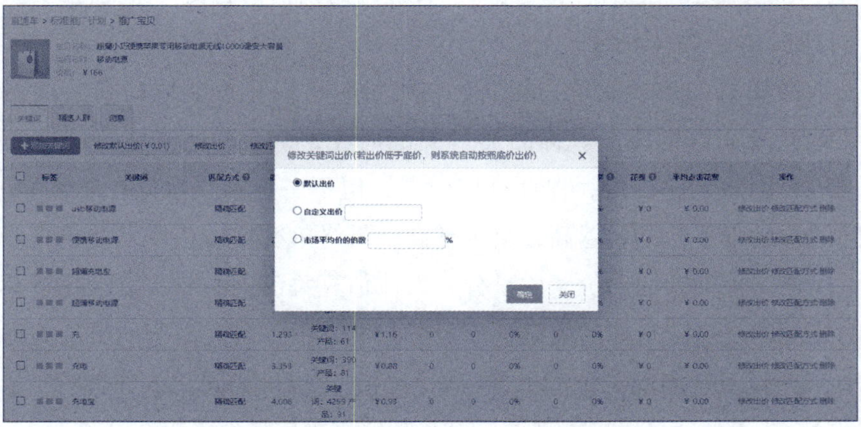

图 2–2–4　逐一调整关键词的出价

任务思考

1. 为什么要保证关键词的排名在相对靠前的位置？如何保证关键词的排名靠前？

2. 三种关键词批量出价的含义是什么？

2.2　标品新品 / 滞销品关键词出价（速卖通）

任务目标

1. 能为标品新品 / 滞销品推广词制定合理的出价策略
2. 能对具体的关键词设置合理的出价
3. 能根据排名反馈与预估点击扣费调整关键词出价

任务背景

在设置完标品类目的爆款商品直通车推广关键词的出价后，Mary 开始为具有滞销倾向的商品“AGM X1 Waterproof Mobile Phone Android 6.0 Snapdragon 617 Octa-core 4GB 64GB 5.5 Inch Cellphone”的推广关键词设置出价。新品或滞销品的市场竞争力较弱，若想获得足够的流量，关键词的出价尤为重要，为了获得更好的推广效果，尽可能地降低推广费用，Mary 开始对推广关键词逐一调整出价。

任务分析

新品或滞销品推广策略的核心是通过避开行业竞争大词，争取大批量精准关键词流量的方式实现商品推广。精准关键词的搜索人气有限，且标品类目多为属性词、品牌词、核心词，但新品或滞销品的市场竞争力较弱，这就需要在关键词出价时不仅要提高仅有的精准长尾词的出价，抢占精准流量，还要提高属性词、品牌词、核心词等热门搜索关键词的出价，保证推广效果。

任务操作

设置关键词出价

1. 关键词排名靠后时，很难为商品带来流量。当修改关键词出价时，可以看到关键词的预估排名变化。因此，在出价时要保证关键词的预估排名在一定的范围之内。例如，排名在前三页时，推广效果较好。

2. 新品或滞销品的市场竞争力较弱，在出价时可以尽可能地提高精准关键词的出价，最大化地获取关键词流量。标品类目关键词较少时，还需适当地提高核心词、品牌词、属性词等热门短词的出价，保证推广效果，但不一定要始终保持在非常靠前的位置，因为在相同的质量分下，排名越靠前，出价越高，最终单次点击花费也就越高。在关键词出价时，可以根据关键词的出价、质量分，大体估算关键词的单次点击花费。例如，假设下一名的关键词质量分与你的关键词质量分相同，下一名关键词的出价为你的出价减去 0.01 元；或假设下一名的关键词出价与你的关键词出价相同，下一名的质量分为你的关键词质量分减去 0.1 分。请将关键词出价和其他信息填入表 2-2-2。

表 2-2-2　关键词质量分表

关键词	出价	质量分	排名	预估点击花费

当某个关键词的预估点击花费高出其他关键词的预估点击花费较多时，可以在能够带来流量的关键词排名范围之内，适当地降低关键词的出价。

任务操作 1：在关键词添加时，可以对关键词批量调整出价，批量调整出价的方式主要有两种：按市场平均价的百分比出价、按底价的百分比出价。如图 2-2-3 所示。

图 2-2-3　批量调整出价

任务操作 2：逐一调整关键词的出价。如图 2-2-4 所示。

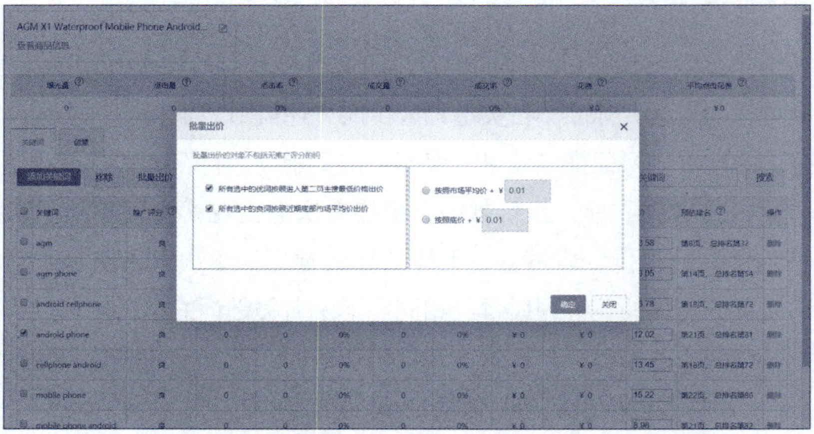

图 2-2-4　逐一调整关键词的出价

任务思考

1. 为什么要保证关键词的排名在相对靠前的位置？如何保证关键词的排名靠前？

2. 两种关键词批量出价的含义是什么？

2.2　低竞争力商品销售行业关键词出价（百度）

任务目标

1. 能够制定低竞争力商品关键词策略

2. 能够对低竞争力商品进行直通车推广关键词的添加

任务背景

三际数码官方旗舰店的展现、点击量、点击率数据较差，市场竞争力较弱，若想获得足够的流量，关键词的出价尤为重要。

辰辰是三际数码官方旗舰店的百度推广负责人，为了获得更好的推广效果，尽可能地降低推广费用，辰辰开始对三际数码官方旗舰店的百度推广账户的推广关键词逐一调整出价。

任务分析

低竞争力商品销售行业推广策略的核心是通过避开行业竞争大词，争取大批量精准关键词流量的方式实现商家或商品的推广。因此。低竞争力行业在关键词出价时不仅要提高仅有的精准长尾词的出价，抢占精准流量，还要提高核心词、通用词等热门搜索关键词的出价，保证推广效果。

任务操作

设置关键词出价

1. 关键词排名靠后时，很难为商品带来流量。当修改关键词出价时，可以看到关键词的预估排名变化。因此，在出价时要保证关键词的预估排名在一定的范围之内。例如，排名在前三页时，推广效果较好。

2. 三际数码官方旗舰店的市场竞争力较弱，在出价时可以适当提高精准关键词的出价，最大化地获取关键词流量。另外，还需适当地提高核心词、通用词等热门短词的出价，保证推广效果，但不一定要始终保持在非常靠前的位置。因为在相同的质量分下，排名越靠前，出价越高，最终单次点击花费也就越高。在关键词出价时，可以根据关键词的出价、质量分，大体估算关键词的单次点击花费。例如，假设下一名的关键词质量分与你的关键词质量分相同，下一名关键词的出价为你的出价减去 0.01 元；或假设下一名的关键词出价与你的关键词出价相同，下一名的质量分为你的关键词质量分减去 0.1 分。请将关键词出价和其他信息填入表 2–2–2。

表 2-2-2　关键词质量分统计表

关键词	出价	质量分	排名	预估点击花费

当某个关键词的预估点击花费高出其他关键词的预估点击花费较多时，可以在能够带来流量的关键词排名范围之内，适当地降低关键词的出价。

任务操作 1：在关键词添加时，可以得到关键词的推荐价格，即实训系统给出的默认价格，勾选所需关键词。如图 2-2-4 所示。

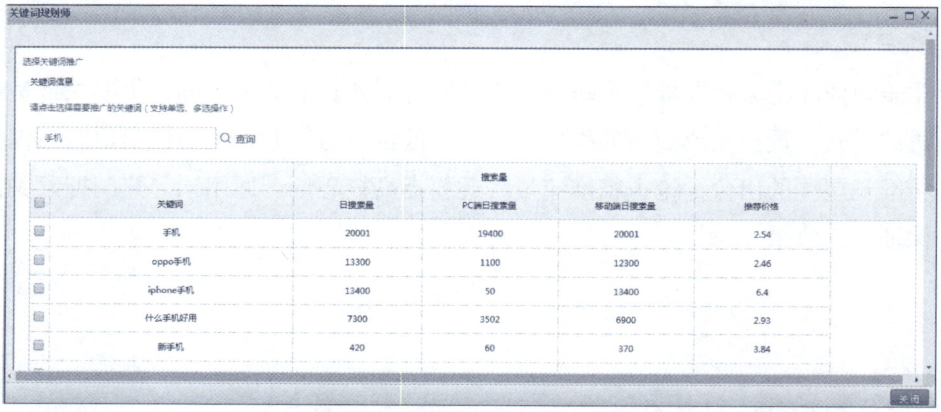

图 2-2-4　选择需要推广的关键词

任务操作 2：调整关键词的出价。可勾选一个或多个需要关键词，调整出价，点击“保存已变更出价”。如图 2-2-5 所示。

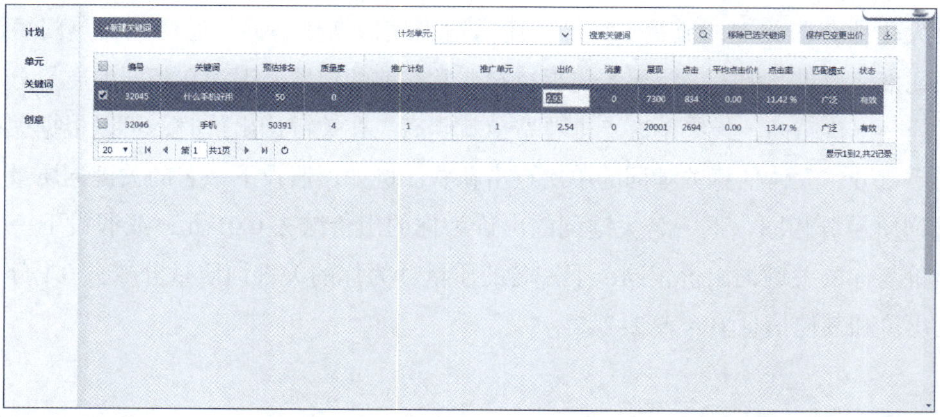

图 2-2-5　调整关键词的出价

任务操作 3：统一出价。点击“添加关键词”，选择出价的目标单元，勾选调整出价的关键词，点击“统一出价”。点击“确认”。如图 2–2–6 所示。

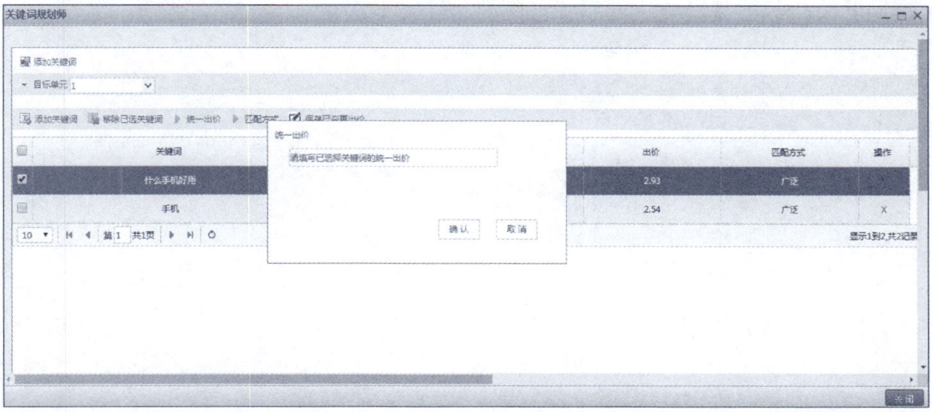

图 2–2–6　统一出价

任务思考

1. 关键词的单次点击花费是否等于关键词出价？关键词出价如何计算？

____

____

____

____

2. 若想降低某一关键词的单次点击花费，应如何操作？

____

____

____

____

2

2.3　非标品爆款关键词出价（淘宝）

任务目标

1. 能为非标品爆款商品推广词制定合理的出价策略
2. 能对具体的关键词设置合理的出价
3. 能根据排名反馈与预估点击扣费调整关键词出价

任务背景

小雅是一家皇冠女装店铺的淘宝推广负责人，对于推广来说，关键词出价调整是日常工作的重要内容，合理的关键词出价可以降低关键词点击花费，在一定的推广资金范围内获得更好的推广效果。"海边度假雪纺连衣裙女装新款潮流裙子夏季高腰法式淑女裙子"作为小雅店铺内的爆款商品，推广关键词数量也相对较多，小雅需对推广关键词逐一调整出价。

任务分析

爆款推广关键词策略更多考虑的是行业内的属性词、短词或品牌词等热搜词，适当地推广精准长尾词。由于行业热词、短词的竞争相对激烈，因此想要获得较好的排名，关键词的出价也会相对较高。又由于非标品类目推广词数量较多，对于部分花费较高的关键词，可以通过适当地降低关键词出价的方式降低关键词的单次点击花费，并将节省的费用购买其他低竞争的热门词或精准长尾词。

任务操作

设置关键词出价

1. 关键词排名靠后很难为商品带来流量。当修改关键词出价时，可以看到关键词的预估排名变化。因此，在出价时，要保证关键词的预估排名在一定的范围之内。例如，排名在前三页时，推广效果较好。

2. 非标品类目的关键词较多，在调整出价时不一定始终保持在非常靠前的位置，因为在相同的质量分下，排名越靠前，出价越高，最终单次点击花费也就越高。在关键词出价时，可以根据关键词的出价、质量分，大体估算关键词的单次点击花费。例如，假设下一名的关键词质量分与你的关键词质量分相同，下一名关键词的出价为你的出价减去 0.01 元；或假设下一名的关键词出价与你的关键词出价相同，下一名的质量分为你的关键词质量分减去 0.1 分。请将关键词出价和其他相关信息填入表 2-2-3。

表 2-2-3　关键词质量分表

关键词	出价	质量分	排名	预估点击花费

当某个关键词的预估点击花费高出其他关键词的预估点击花费较多时，可以在能够带来流量的关键词排名范围之内，适当地降低关键词的出价。

爆款倾向的商品在市场竞争方面具有一定的优势，可以适当地提高核心词、品牌词、属性词等热门短词的出价，保证推广效果。

任务操作 1：在关键词添加时，可以对关键词批量调整出价，批量调整出价的方式主要有三种：默认出价、自定义出价、按市场平均价的百分比出价。如图 2-2-5 所示。

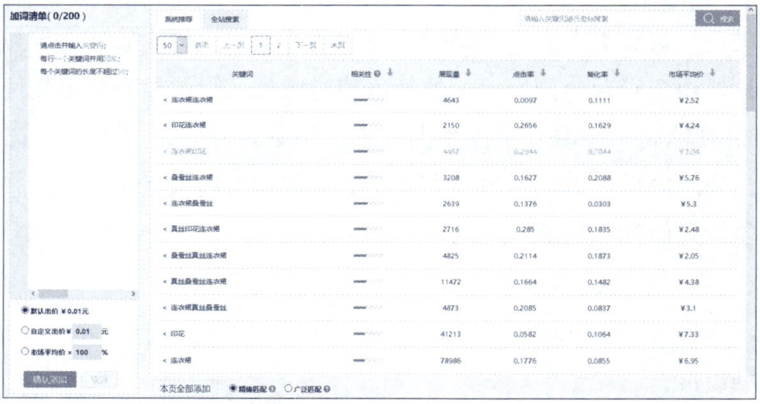

图 2-2-5　批量调整出价

任务操作 2：逐一调整关键词的出价。如图 2-2-6 所示。

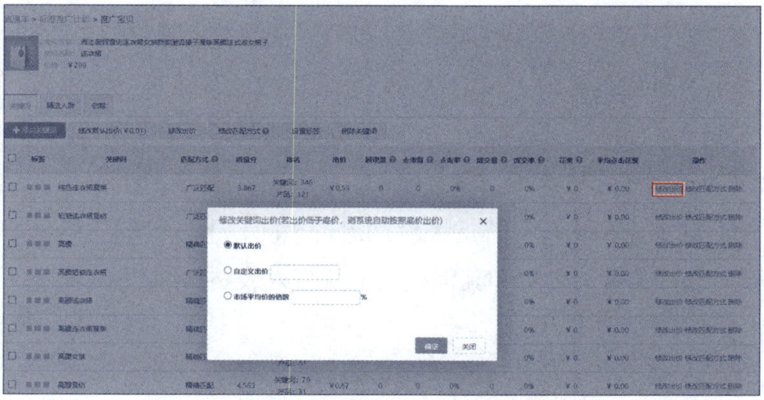

图 2-2-6　逐一调整关键词的出价

任务思考

1. 若对不同的时段设置不同的出价折扣，最终关键词出价是多少？

2. 要保证关键词排名靠前，除了提高关键词的出价外，还可以怎么做？

2.3 非标品爆款关键词出价（速卖通）

任务目标

1. 能为非标品爆款商品推广词制定合理的出价策略

2. 能对具体的关键词设置合理的出价

3. 能根据排名反馈与预估点击扣费调整关键词出价

任务背景

Mary 是一家女装店铺的速卖通推广负责人，对于推广来说，关键词出价调整是日常工作的重要内容，合理的关键词出价可以降低关键词点击花费，在一定的推广资金范围内获得更好的推广效果。“New Blouse Women Casual Striped Top Shirts Blouses Female Loose Blusas Autumn Fall Casual Ladies Office Blouses Top Sexy”作为 Mary 店铺内的爆款商品，推广关键词数量也相对较多，Mary 需对推广关键词逐一调整出价。

任务分析

爆款推广关键词策略更多考虑的是行业内的属性词、短词或品牌词等热搜词，适当的推广精准长尾词。由于行业热词、短词的竞争相对激烈，因此想要获得较好的排名，关键词的出价也会相对较高。又由于非标品类目推广词数量较多，对于部分花费较高的关键词，可以通过适当地降低关键词出价的方式降低关键词的单次点击花费，并将节省的费用购买其他低竞争的热门词或精准长尾词。

任务操作

设置关键词出价

1. 关键词排名靠后很难为商品带来流量。当修改关键词出价时，可以看到关键词的预估排名变化。因此，在出价时，要保证关键词的预估排名在一定的范围之内。例如，排名在前三页时，推广效果较好。

2. 非标品类目的关键词较多，在调整出价时不一定要始终保持在非常靠前的位置，因为在相同的质量分下，排名越靠前，出价越高，最终单次点击花费也就越高。在关键词出价时，可以根据关键词的出价、质量分，大体估算关键词的单次点击花费。例如，假设下一名的关键词质量分与你的关键词质量分相同，下一名关键词的出价为你的出价减去 0.01 元；或假设下一名的关键词出价与你的关键词出价相同，下一名的质量分为你的关键词质量分减去 0.1 分。请将关键词出价和其他相关信息填入表 2-2-3。

表 2-2-3　关键词质量分表

关键词	出价	质量分	排名	预估点击花费

当某个关键词的预估点击花费高出其他关键词的预估点击花费较多时，可以在能够带来流量的关键词排名范围之内，适当地降低关键词的出价。

爆款倾向的商品在市场竞争方面具有一定的优势，可以适当地提高核心词、品牌词、属性词等热门短词的出价，保证推广效果。

任务操作 1：在关键词添加时，可以对关键词批量调整出价，批量调整出价的方式主要有两种：按市场平均价的百分比出价、按底价的百分比出价。如图 2-2-5 所示。

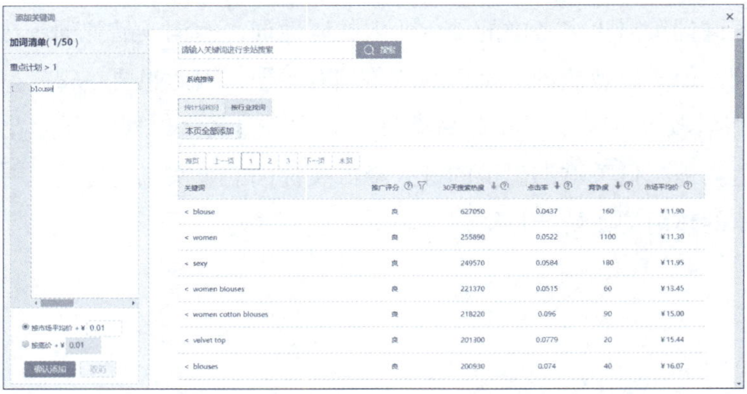

图 2-2-5　批量调整出价

任务操作 2：逐一调整关键词的出价。如图 2-2-6 所示。

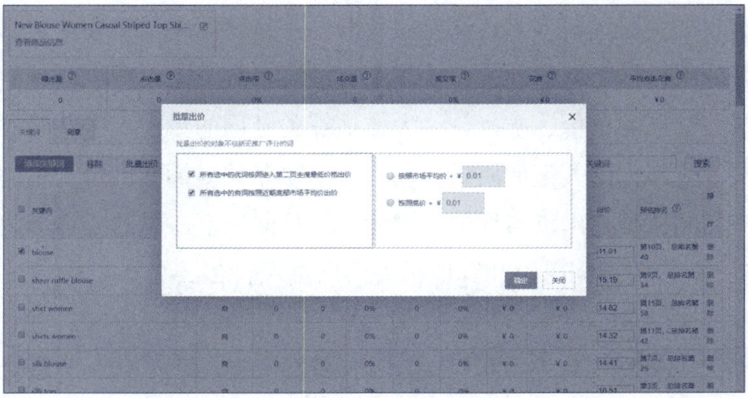

图 2-2-6　逐一调整关键词的出价

任务思考

1. 若对不同的时段设置不同的出价折扣，最终关键词出价是多少？

2. 要保证关键词排名靠前，除了提高关键词的出价外，还可以怎么做？

2.4 非标品新品 / 滞销品关键词出价（淘宝）

任务目标

1. 能为非标品新品 / 滞销品推广词制定合理的出价策略

2. 能对具体的关键词设置合理的出价

3. 能根据排名反馈与预估点击扣费调整关键词出价

任务背景

在设置完非标品类目爆款商品的直通车推广关键词出价后，小雅开始为具有滞销倾向的商品“百驼真丝连衣裙春夏新款杭州大牌直筒桑蚕丝印花长裙”设置出价。新品或滞销品的市场竞争力较弱，要想保证推广效果，关键词的出价尤为重要。为了获得更好的推广效果，尽可能地降低推广费用，小雅需对推广关键词逐一调整出价。

任务分析

新品或滞销品推广策略的核心是通过避开行业竞争大词，争取大批量精准关键词流量的方式实现商品推广。精准关键词的搜索人气有限，可以通过提高关键词出价的方式最大化地获取关键词流量，由于行业热词、短词的竞争相对激烈，因此想要获得较好的排名，关键词的出价也会相对较高。但为了保证推广效果，仍要获得部分行业热门关键词的流量。

任务操作

设置关键词出价

1. 关键词排名靠后很难为商品带来流量。当修改关键词出价时，可以看到关键词的预估排名变化。因此，在出价时，要保证关键词的预估排名在一定的范围之内。例如，排名在前三页时，推广效果较好。

2. 新品或滞销品的市场竞争力较弱，在出价时可以适当提高精准关键词的出价，最大化地获取关键词流量，另外，还需适当地提高核心词、品牌词、属性词等热门短词的出价，保证推广效果，但不一定要始终保持在非常靠前的位置，因为在相同的质量分下，排名越靠前，出价越高，最终单次点击花费也就越高。在关键词出价时，可以根据关键词的出价、质量分，大体估算关键词的单次点击花费。例如，假设下一名的关键词质量分与你的关键词质量分相同，下一名关键词的出价为你的出价减去 0.01 元；或假设下一名的关键词出价与你的关键词出价相同，下一名的质量分为你的关键词质量分减去 0.1 分。请将关键词出价和其他相关信息填入表 2-2-4。

表 2-2-4　关键词质量分表

关键词	出价	质量分	排名	预估点击花费

当某个关键词的预估点击花费高出其他关键词的预估点击花费较多时，可以在能够带来流量的关键词排名范围之内，适当地降低关键词的出价。

任务操作 1：在关键词添加时，可以对关键词批量调整出价，批量调整出价的方式主要有三种：默认出价、自定义出价、按市场平均价的百分比出价。如图 2-2-7 所示。

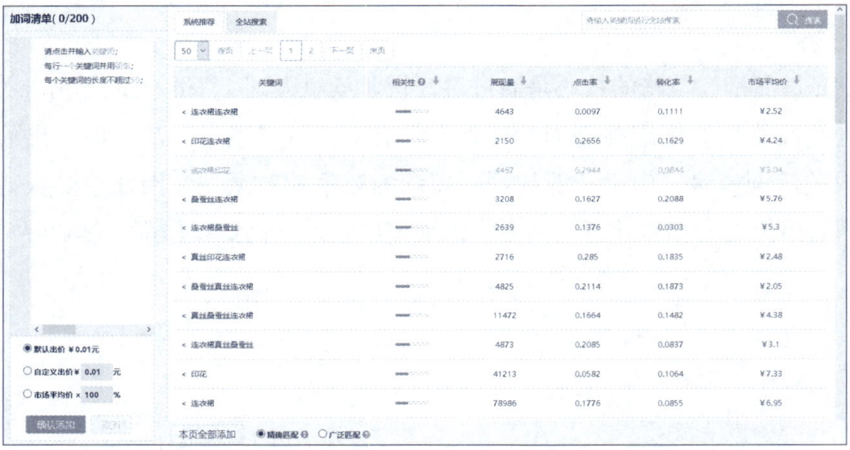

图 2-2-7　批量调整出价

任务操作 2：逐一调整关键词的出价。如图 2-2-8 所示。

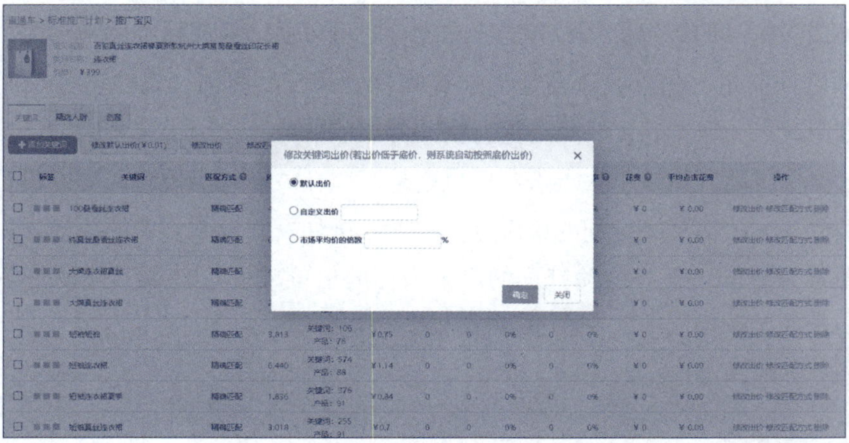

图 2-2-8　逐一调整关键词的出价

任务思考

1. 若对不同精选人群设置溢价比例，最终的关键词出价是多少？

2. 新品或滞销品在与爆款商品竞争同一关键词时，为什么会出现竞争力不足的现象？

2.4 非标品新品 / 滞销品关键词出价（速卖通）

任务目标

1. 能为非标品新品 / 滞销品推广词制定合理的出价策略
2. 能对具体的关键词设置合理的出价
3. 能根据排名反馈与预估点击扣费调整关键词出价

任务背景

在设置完非标品类目爆款商品的直通车推广关键词出价后，Mary开始为具有滞销倾向的商品“Fashion Women Casual Tops O Neck Ladies Baggy Shirt Blouse Loose Lantern Sleeve Ploka Dot Chiffon Elegant Holiday Clothes”设置出价。新品或滞销品的市场竞争力较弱，要想保证推广效果，关键词的出价尤为重要。为了获得更好的推广效果，尽可能地降低推广费用，Mary需对推广关键词逐一调整出价。

任务分析

新品或滞销品推广策略的核心是通过避开行业竞争大词，争取大批量精准关键词流量的方式实现商品推广。精准关键词的搜索人气有限，可以通过提高关键词出价的方式最大化的获取关键词流量，由于行业热词、短词的竞争相对激烈，因此想要获得较好的排名，关键词的出价也会相对较高。但为了保证推广效果，仍要获得部分行业热门关键词的流量。

任务操作

设置关键词出价

1. 关键词排名靠后很难为商品带来流量。当修改关键词出价时，可以看到关键词的预估排名变化。因此，在出价时要保证关键词的预估排名在一定的范围之内。例如，排名在前三页时，推广效果较好。

2. 新品或滞销品的市场竞争力较弱，在出价时可以适当提高精准关键词的出价，最大化地获取关键词流量。另外，还需适当地提高核心词、品牌词、属性词等热门短词的出价，保证推广效果，但不一定始终保持在非常靠前的位置。因为在相同的质量分下，排名越靠前，出价越高，最终单次点击花费也就越高。在关键词出价时，可以根据关键词的出价、质量分，大体估算关键词的单次点击花费。例如，假设下一名的关键词质量分与你的关键词质量分相同，下一名关键词的出价为你的出价减去0.01元；或假设下一名的关键词出价与你的关键词出价相同，下一名的质量分为你的关键词质量分减去0.1分。请将关键词出价和其他相关信息填入表2-2-4。

表 2-2-4　关键词质量分表

关键词	出价	质量分	排名	预估点击花费

当某个关键词的预估点击花费高出其他关键词的预估点击花费较多时，可以在能够带来流量的关键词排名范围之内，适当地降低关键词的出价。

任务操作 1：在关键词添加时，可以对关键词批量调整出价，批量调整出价的方式主要有两种：按市场平均价的百分比出价、按底价的百分比出价。如图 2-2-7 所示。

图 2-2-7　批量调整出价

任务操作 2：逐一调整关键词的出价。如图 2-2-8 所示。

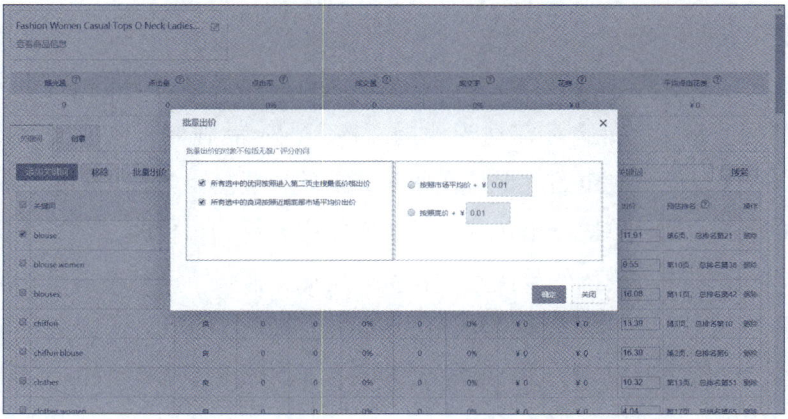

图 2-2-8　逐一调整关键词的出价

任务思考

1. 若对不同精选人群设置溢价比例，最终的关键词出价是多少？

2. 新品或滞销品在与爆款商品竞争同一关键词时，为什么会出现竞争力不足的现象？

任务三　创意编辑与优化

3.1　标品创意编辑与优化（淘宝）

任务目标

1. 能够根据标品商品信息编辑创意
2. 能够根据标品类目的商品特点制定合理的创意优化策略
3. 能够结合标品商品信息与推广关键词进行创意的优化
4. 能够为创意设置合理的流量分配方式

任务背景

小雅是一家手机数码配件网店的淘宝推广负责人，在前期的操作中，小雅对标品推广商品进行了关键词的添加、出价、匹配方式的设置。考虑到创意的作用，小雅决定对创意进行编辑与优化。创意图片经过前期与美工同事的交流，制作完成，在进行直通车推广时，最重要的就是经常进行创意标题的编辑。接下来，小雅开始对推广商品“ROMOSS/罗马仕 20 000 毫安大容量充电宝便携正品移动电源”与“超薄小巧便携苹果专用移动电源无线迷 10 000 毫安大容量”的创意标题进行编辑与优化。

任务分析

小雅可以从两个角度进行创意的编辑。第一个角度是根据商品信息进行创意的编辑，保证买家看到的创意信息与最初的购买需求、商品的详细信息相同。第二个角度是通过创意的优化来增加关键词与宝贝的相关性，进而提高关键词的质量分。

由于标品类目的关键词数量较少，且流量相对集中，在进行创意优化时，可以围绕推广的核心词、属性词或品牌词等关键词进行创意的优化，通过提高关键词与推广商品相关性的方法增加质量分，提高商品的竞争力。

任务操作

一、创意编辑

1. 根据商品信息编辑创意。

买家通过搜索卖家设置的推广关键词找到卖家推广的商品的创意图片与创意标题，然后点击进入商品的详情页，浏览商品信息，最后产生购买行为，在进行创意标题的编辑时，要保证创意标题描述的信息与商品信息一致。

根据商品信息，结合标题优化的方法，分别对标品爆款与标品新品 / 滞销品的创意进行编辑。请将创意标题分别填写到表 2–3–1 和表 2–3–2 中。

表 2–3–1　标品爆款创意编辑

排序	创意标题
1	
2	
3	
4	

表 2–3–2　标品新品 / 滞销品创意编辑

排序	创意标题
1	
2	
3	
4	

任务操作：点击“添加创意”，进行创意的编辑，在完成创意的编辑后，点击“确定”，如图 2–3–1 所示。

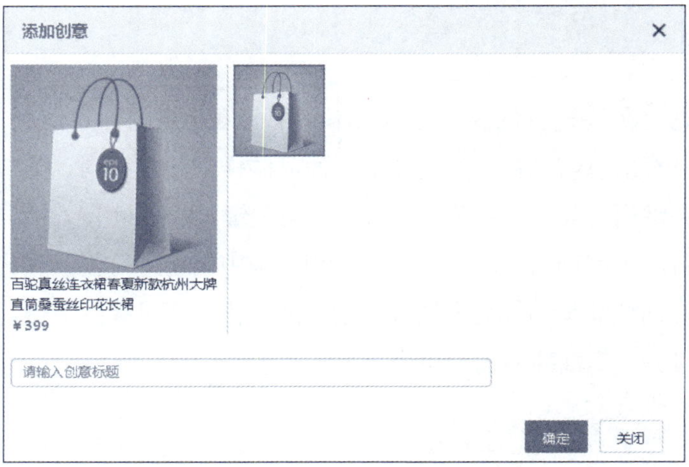

图 2–3–1　进行创意的编辑

2. 根据推广的关键词优化创意。

找出推广关键词列表中搜索人气较高的行业热门关键词，例如核心词、属性词、品牌词等，围绕找出来的关键词优化推广创意。请将优化前后创意分别填写到表 2–3–3 和表 2–3–4 中。

表 2-3-3　标品爆款创意优化

排序	原创意	优化后创意
1		
2		
3		
4		

表 2-3-4　标品新品 / 滞销品创意

排序	原创意	优化后创意
1		
2		
3		
4		

任务操作：找到相应的创意，点击“修改”，进行创意的优化，在完成创意的优化后，点击“确定”，如图 2-3-2 所示。

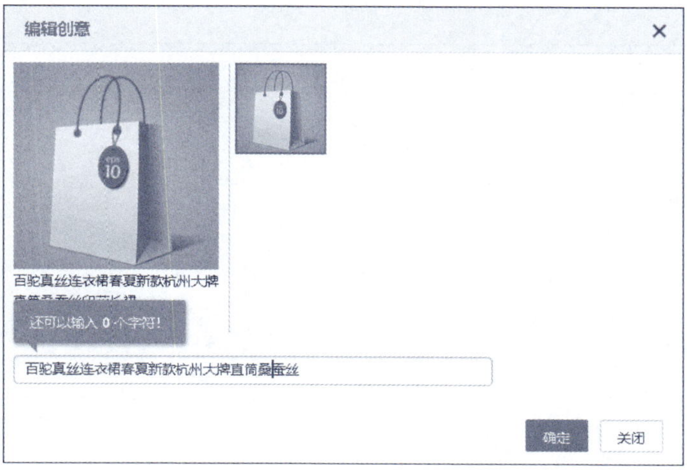

图 2-3-2　进行创意的优化

二、设置创意流量分配方式

当选择创意优选时，系统会根据创意历史表现数据帮网店优选一个表现较好的创意进行集中展现；当选择创意轮播时，系统会根据上传的创意个数自动将流量平均分配给上传的创意进行展现。

分析创意优选与创意轮播的不同，根据推广目标，选择创意的流量分配方式。

任务操作：点击“编辑创意的流量分配方式”，选择相应的流量分配方式，点击“确定”。如图 2-3-3 所示。

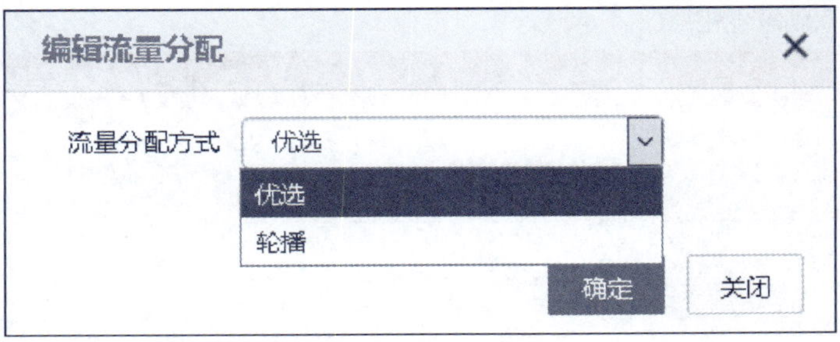

图 2-3-3　选择流量分配方式

任务思考

1. 在关键词添加时，应重点考虑关键词的哪些因素？

直通车创意标题

____

____

____

____

2. 直通车添加关键词时，可以通过什么方法挖掘关键词？

____

____

____

____

3.1 标品创意编辑与优化（速卖通）

任务目标

1. 能根据标品类目的商品特点制定合理的创意优化策略

2. 能结合商品信息与推广关键词进行创意的优化

3. 能够为创意设置合理的流量分配方式

任务背景

在前期的操作中，Mary 对标品推广商品进行了关键词的添加、出价、匹配方式的设置。考虑到创意的作用，Mary 决定对创意进行编辑与优化。创意图片经过前期与美工同事的交流，制作完成，在进行直通车推广时，最重要的就是经常进行创意标题的编辑。接下来，Mary 开始对推广商品“Original PPTV V1 Mobile Phone 5.0 Inch Android 5.1 MT6735P Quad Core Smartphone 16GB 4G FDD-LTE Fingerprint PP5200 Cellphone” 与“AGM X1 Waterproof Mobile Phone Android 6.0 Snapdragon 617 Octa-core 4GB 64GB 5.5 Inch Cellphone”的创意标题进行编辑与优化。

任务分析

Mary 可以从两个角度进行创意的编辑。第一个角度是根据商品信息进行创意的编辑，保证买家看到的创意信息与最初的购买需求、商品的详细信息相同。第二个角度是通过创意的编辑来增加关键词与宝贝的相关性，进而提高关键词的质量分。

由于标品类目的关键词数量较少，且流量相对集中，在进行创意优化时，可以围绕推广的核心词、属性词或品牌词等关键词进行创意的优化，通过提高关键词与推广商品相关性的方法增加质量分，提高商品的竞争力。

任务操作

创意编辑

1. 根据商品信息优化创意。

买家通过搜索卖家设置的推广关键词找到卖家推广的商品的创意图片与创意标题，然后点击进入商品的详情页，浏览商品信息，最后产生购买行为，在进行创意标题的编辑时，要保证创意标题描述的信息与商品信息一致。

根据商品信息，结合标题优化的方法，分别对标品爆款与标品新品 / 滞销品进行创意编辑。请将创意标题分别填写到表 2-3-1 和表 2-3-2 中。

表 2-3-1　标品爆款创意编辑

排序	创意标题
1	
2	
3	
4	

表 2-3-2　标品新品 / 滞销品创意编辑

排序	创意标题
1	
2	
3	
4	

任务操作：点击“添加创意”，进行创意的编辑，在完成创意的编辑后，点击“确定”，如图 2-3-1 所示。

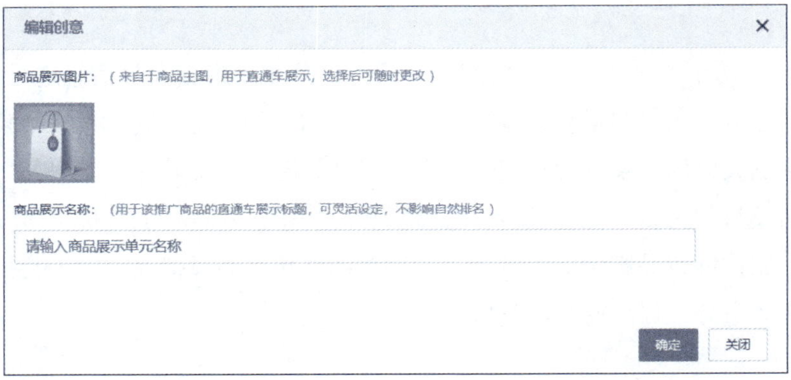

图 2-3-1　进行创意的编辑

2. 根据推广的关键词优化创意。

找出推广关键词列表中搜索人气较高的行业热门关键词，例如核心词、属性词、品牌词等，围绕找出来的关键词优化推广创意。请将优化前后的创意填写到表 2-3-3 和表 2-3-4 中。

表 2-3-3　标品爆款创意优化

排序	原创意	优化后创意
1		
2		

续表

排序	原创意	优化后创意
3		
4		

表 2-3-4　标品新品 / 滞销品创意

排序	原创意	优化后创意
1		
2		
3		
4		

任务操作：找到相应的创意，点击“修改”，进行创意的优化，在完成创意的优化后，点击“确定”，如图 2–3–2 所示。

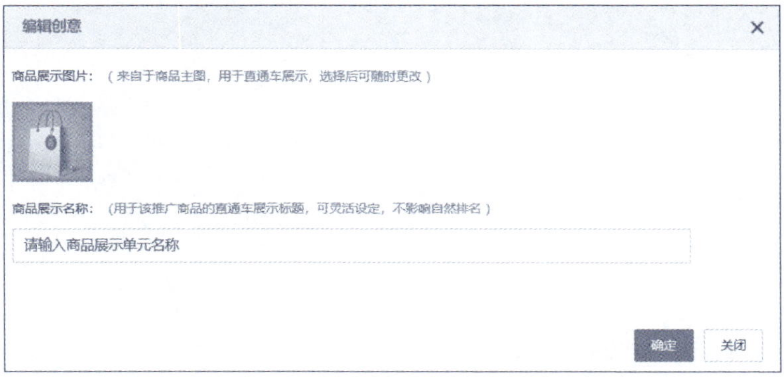

图 2–3–2　进行创意的优化

任务思考

1. 在关键词添加时，应重点考虑关键词的哪些因素？

认识直通车创意

2. 直通车添加关键词时，可以通过什么方法挖掘关键词？

3.1 商品销售行业创意编辑与优化（百度）

任务目标

1. 能够根据网站信息编辑创意
2. 能够根据网站的商品特点制定合理的创意优化策略
3. 能够结合网站商品信息与推广关键词进行创意的优化
4. 能够为创意设置合理的流量分配方式

任务背景

在前期的操作中，辰辰对搜索推广账户进行了关键词的添加、出价、匹配方式的设置。考虑到创意的作用，辰辰开始为负责的推广目标华为商城与三际数码官方旗舰店的百度搜索推广账户进行创意进行编辑与优化。创意图片经过前期与美工同事的交流，制作完成，在百度推广时，最重要的就是经常进行创意标题的编辑、优化。

任务分析

辰辰可以从两个角度进行创意的编辑。第一个角度是根据商家信息或商品信息进行创意的编辑，保证用户看到的创意信息与最初的购买需求、商家业务内容相同。第二个角度是通过创意的优化来增加关键词与网站的相关性，进而提高关键词的质量分。

华为商城的市场竞争力较强，在进行创意优化时，可以围绕推广的核心词、通用词、品牌词等关键词进行创意的优化，通过提高关键词与推广商品相关性的方法增加质量分，提高商品的竞争力。三际数码官方旗舰店的市场竞争力较弱，可以根据推广关键词的特性，将关键词分为热门词、高质量分词、低质量分词，从不同的侧重点入手，优化创意。

任务操作

创意编辑

1. 根据商家信息编辑创意。

用户通过搜索商家设置的推广关键词找到商家推广的商品的创意图片与创意标题，然后点击进入网站的详情页，浏览商品信息，最后产生购买行为，在进行创意标题的编辑时，要保证创意标题描述的信息与商品信息一致。

根据商家信息，结合标题优化的方法，分别对网站的创意进行编辑。请将创意标题分别填写到表 2-3-1 和表 2-3-2 中。

表 2-3-1　华为商城创意编辑

排序	创意标题
1	
2	
3	
4	

表 2-3-2　三际数码官方旗舰店创意编辑

排序	创意标题
1	
2	
3	
4	

任务操作 1：点击“新建创意”，选择计划单元，点击“下一步”。如图 2-3-1 所示。

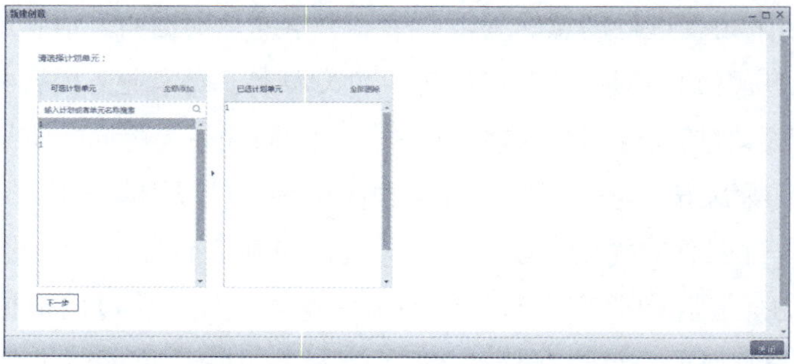

图 2-3-1　选择计划单元

任务操作 2：输入创意标题、创意描述第一行、创意描述第二行以及计算机访问网址，点击“保存”，如图 2-3-2 所示。

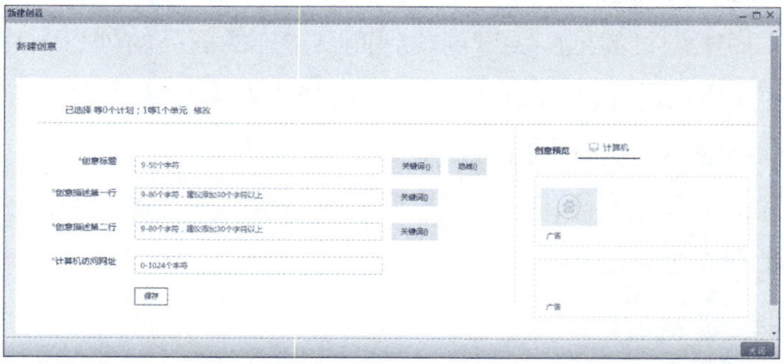

图 2-3-2　输入 创意相关信息

2. 根据推广的关键词优化创意。

（1）根据推广关键词的搜索人气、点击率、转化率高优化创意。一方面，搜索人气、点击率、转化率高的词往往竞争度较高，导致市场平均价格较高，想要获得好的排名需要较高的出价，点击花费也会相对较高，因此，可以通过创意提高此类关键词的质量分来降低关键词的点击花费。另外，此类关键词消费者点击、成交的概率大，可以在一定程度上提升创意的点击反馈。

（2）根据推广关键词质量分优化创意。将与商品相关的关键词添加到创意中，可以在一定程度上提升关键词的质量分。对于质量分低的关键词，可以将其添加到创意中，增加关键词与商品信息的相关性，提高质量分。对于质量分高的关键词，将其添加到创意中可以通过提升关键词的质量分来进一步提升商品竞争力。请将优化前后的创意分别填写到表 2-3-3 和表 2-3-4 中。

表 2-3-3　华为商城创意优化

排序	原创意	优化后创意
1		
2		
3		
4		

表 2-3-4　三际数码官方旗舰店创意优化

排序	原创意	优化后创意
1		
2		
3		
4		

任务操作：找到相应的创意，点击“编辑”，进行创意的优化，在完成创意的优化后，点击“保存并新增 1 条创意”，如图 2-3-3 所示。

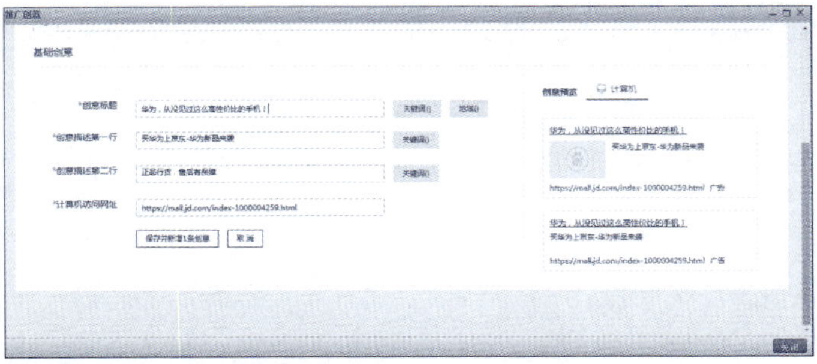

图 2-3-3　进行创意的优化

任务思考

1. 创意的作用是什么？

创意编辑技巧

2. 在进行百度搜索推广时，如何通过创意增加关键词的质量分？

3.2 非标品创意编辑与优化（淘宝）

任务目标

1. 能够根据非标品商品信息编辑创意
2. 能够根据非标品类目的商品特点制定合理的创意优化策略
3. 能够结合非标品商品信息与推广关键词进行创意的优化
4. 能够为创意设置合理的流量分配方式

任务背景

在前期的操作中，小雅对非标品推广商品进行了关键词的添加、出价、匹配方式的设置。考虑到创意的作用，小雅决定对创意进行编辑与优化。创意主要包含两部分的内容，一部分是创意图片，另一部分是创意标题。创意图片经过前期与美工同事的交流后制作完成，在进行直通车推广时，最重要的就是经常进行创意标题的编辑，接下来，小雅开始对推广商品“海边度假雪纺连衣裙女装新款潮流裙子夏季高腰法式淑女裙子”与“百驼真丝春夏新款杭州大牌直筒桑蚕丝印花长裙”的创意标题进行编辑与优化。

任务分析

根据创意在直通车中的作用，小雅可以从两个角度进行创意的编辑。第一个角度是根据商品信息进行创意的编辑，保证买家看到的创意信息与最初的购买需求、商品的详细信息相同。第二个角度通过创意的优化来增加关键词与宝贝的相关性，进而提高关键词的质量分。

由于非标品类目的关键词数量较多，可推广的关键词较多，在进行创意优化时，可以根据推广关键词的特性，将关键词分为热门词、高质量分词、低质量分词，从不同的侧重点入手，优化创意。

任务操作

一、创意编辑

1. 根据商品信息编辑创意。

买家通过搜索卖家设置的推广关键词找到卖家推广的商品的创意图片与创意标题，然后点击进入商品的详情页，浏览商品信息，最后产生购买行为，在进行创意标题的编辑时，要保证创意标题描述的信息与商品信息一致。

根据商品信息，结合标题优化的方法，分别对非标品爆款与非标品新品 / 滞销品的创意进行编辑。请将创意标题分别填写到表 2–3–5 和表 2–3–6 中。

表 2-3-5 非标品爆款创意编辑

排序	创意标题
1	
2	
3	
4	

表 2-3-6 非标品新品 / 滞销品创意编辑

排序	创意标题
1	
2	
3	
4	

任务操作：点击“添加创意”，进行创意的编辑，在完成创意的编辑后，点击“确定”。如图 2-3-4 所示。

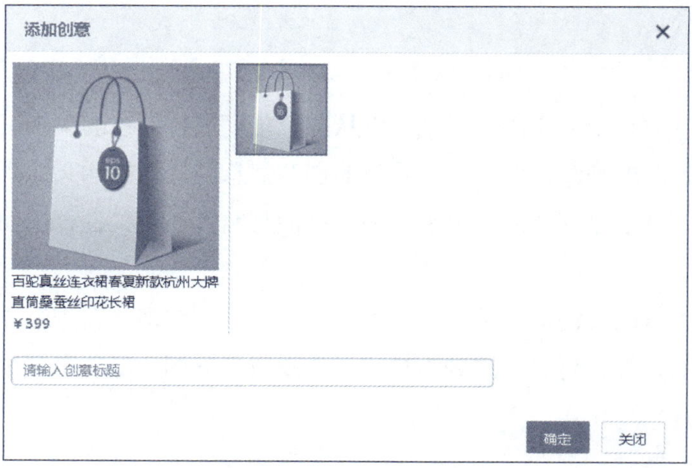

图 2-3-4 进行创意的编辑

2. 根据推广的关键词优化创意。

（1）根据推广关键词的搜索人气、点击率、转化率高优化创意。一方面，搜索人气、点击率、转化率高的词往往竞争度较高，导致市场平均价格较高，想要获得好的排名需要较高的出价，点击花费也会相对较高，因此，可以通过创意提高此类关键词的质量分，来降低关键词的点击花费。另外，此类关键词消费者点击、成交的概率大，可以在一定程度上提升创意的点击率。

（2）根据推广关键词质量分优化创意。将与商品相关的关键词添加到创意中，可以一定程度上提升关键词的质量分。对于质量分低的关键词，可以添加到创意中，增加关键词与商品信息的相关性，提高质量分。对于质量分高的关键词，添加到创意中可以通过提升关键词的质量分来进一步提升商品竞争力。请将优化前后创意分别填写到表 2–3–7 和表 2–3–8 中。

表 2–3–7　非标品爆款创意优化

排序	原创意	优化后创意
1		
2		
3		
4		

表 2–3–8　非标品新品 / 滞销品创意优化

排序	原创意	优化后创意
1		
2		
3		
4		

任务操作：找到相应的创意，点击“修改”，进行创意的优化，在完成创意的优化后，点击“确定”。如图 2–3–5 所示。

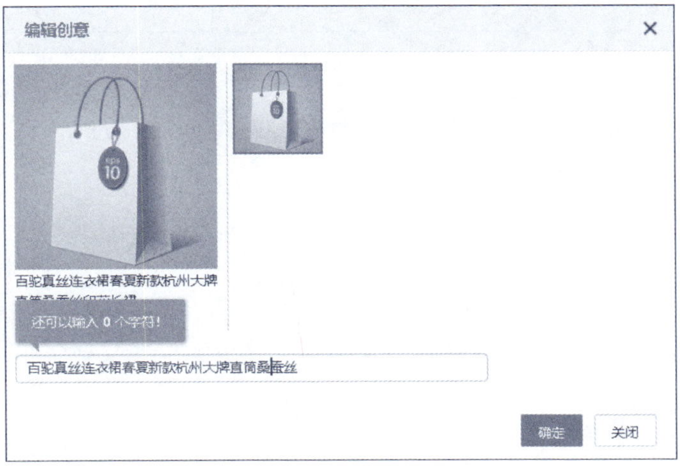

图 2–3–5　进行创意的优化

二、设置创意流量分配方式

当选择创意优选时，系统会根据创意历史表现数据帮网店优选一个表现较好的创意进行集中展现；当选择创意轮播时，系统会根据网店上传的创意个数自动将流量平均分配给网店上传的创意进行展现。

分析创意优选与创意轮播的不同，根据推广目标，选择创意的流量分配方式。

任务操作：点击“编辑流量分配”，选择相应的流量分配方式，点击“确定”。如图2-3-6所示。

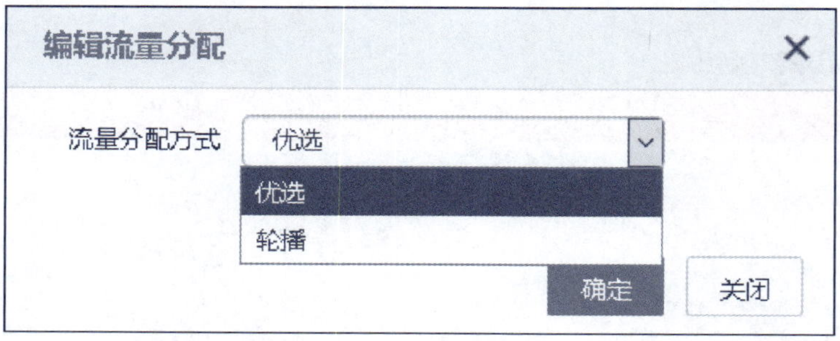

图 2-3-6　选择流量分配方式

任务思考

1. 标品类目的关键词与非标品类目关键词有何不同？

2. 非标品创意优化时如何选取推广关键词？

3.2 非标品创意编辑与优化（速卖通）

任务目标

1. 能结合商品信息进行创意编辑
2. 能够根据推广关键词进行创意的优化
3. 能够为创意设置合理的流量分配方式

任务背景

在前期的操作中，Mary 对非标品推广商品进行了关键词的添加、出价、匹配方式的设置。考虑到创意的作用，Mary 决定再对创意进行详细编辑。创意主要包含两部分内容，一部分是创意图片，另一部分是创意标题。创意图片经过前期与美工同事的交流，制作完成，在进行直通车推广时，最重要的就是经常进行创意标题的编辑，接下来，Mary 开始对推广商品“New Blouse Women Casual Striped Top Shirts Blouses Female Loose Blusas Autumn Fall Casual Ladies Office Blouses Top Sexy” 与“Fashion Women Casual Tops O Neck Ladies Baggy Shirt Blouse Loose Lantern Sleeve Ploka Dot Chiffon Elegant Holiday Clothes”的创意标题进行编辑与优化。

任务分析

根据创意在直通车中的作用，Mary 可以从两个角度进行创意的编辑。第一个角度是根据商品信息进行创意的编辑，保证买家看到的创意信息与最初的购买需求、商品的详细信息相同。第二个角度通过创意的编辑来增加关键词与宝贝的相关性，进而提高关键词的质量分。

由于非标品类目的关键词数量较多，可推广的关键词较多，在进行创意优化时，可以根据推广关键词的特性，将关键词分为热门词、高质量分词、低质量分词，从不同的侧重点入手，优化创意。

任务操作

创意编辑

1. 根据商品信息优化创意。

买家通过搜索卖家设置的推广关键词找到卖家推广的商品的创意图片与创意标题，然后点击进入商品的详情页，浏览商品信息，最后产生购买行为，在进行创意标题的编辑时，要保证创意标题描述的信息与商品信息一致。

根据商品信息，结合标题优化的方法，分别对非标品爆款与非标品新品 / 滞销品的创意进行编辑。请将创意标题分别填写到表 2-3-5 和表 2-3-6 中。

2

表 2-3-5　非标品爆款创意编辑

排序	创意标题
1	
2	
3	
4	

表 2-3-6　非标品新品 / 滞销品创意编辑

排序	创意标题
1	
2	
3	
4	

任务操作：点击“添加创意”，进行创意的编辑，在完成创意的编辑后，点击“确定”。如图 2-3-3 所示。

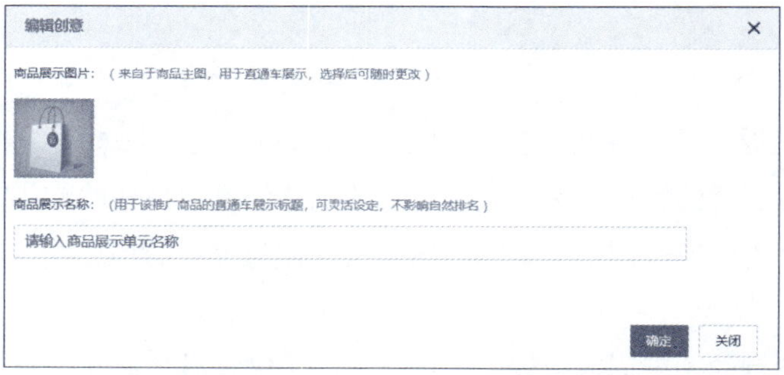

图 2-3-3　进行创意的编辑

2. 根据推广的关键词优化创意。

（1）根据推广关键词的搜索人气、点击率、转化率高优化创意。一方面，搜索人气、点击率、转化率高的词往往竞争度较高，导致市场平均价格较高，想要获得好的排名需要较高的出价，点击花费也会相对较高，因此，可以通过创意提高此类关键词的质量分，来降低关键词的点击花费。另外，此类关键词消费者点击、成交的概率大，可以在一定程度上提升创意的点击率。

（2）根据推广关键词质量分优化创意。将与商品相关的关键词添加到创意中，可以一定程度上提升关键词的质量分，对于质量分低的关键词，可以添加到创意中，增加关键词与商品信息的相关性，提高质量分。对于质量分高的关键词，可以添加到创意中，通过提升关键词的质量分来进一步提升商品竞争力。请将优化创意分别填写到表 2-3-7 和表 2-3-8 中。

表 2-3-7　非标品爆款创意优化

排序	原创意	优化后创意
1		
2		
3		
4		

表 2-3-8　非标品新品 / 滞销品创意优化

排序	原创意	优化后创意
1		
2		
3		
4		

任务操作：找到相应的创意，点击“修改”，进行创意的优化，在完成创意的优化后，点击“确定”，如图 2-3-4 所示。

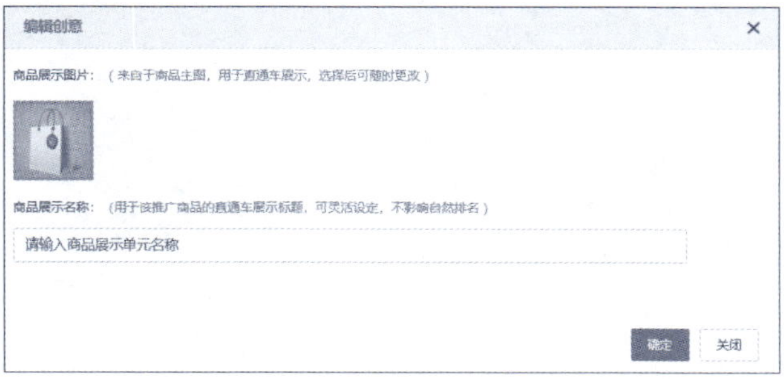

图 2-3-4　进行创意的优化

任务思考

1. 标品类目的关键词与非标品类目关键词有何不同？

2. 非标品创意优化时如何选取推广关键词？

■ 任务四　人群定向与溢价

4.1　标品人群定向与溢价（淘宝）

任务目标

1. 能够对标品类目直通车推广商品制定人群定向策略
2. 能够为定向人群设置合理的溢价比例

任务背景

在前期的操作中，小雅对推广商品“ROMOSS/ 罗马仕 20 000 毫安大容量充电宝便携正品移动电源”与“超薄小巧便携苹果专用移动电源无线迷 10 000 毫安大容量”完成了关键词的添加与出价、创意优化等设置。为了进一步提高推广效果，小雅决定利用直通车推广的精选人群溢价功能，对部分优质人群提高关键词出价，提高推广的点击与转化效果。

任务分析

标品外观属性比较一致，从某种层面来说，只要顾客有相关需求，都是潜在人群。买家更加注重的是品牌、客单价、售后服务等。因为标品类目的人群标签不明显，所以在操作的时候都是采用高出价低溢价的策略。具体溢价比例可根据推广关键词出价、人群特征设置。

任务操作

对淘宝直通车人群进行划分，可以分为四种人群：具有某种兴趣偏向的人群、淘宝网优质人群、本店或相似店铺人群、自定义人口属性人群（此处实训系统不再展示）。标品类目的人群兴趣不明显，可根据商品特征选择相对吻合的人群或不定向此类人群。可适当地选择部分淘宝网优质人群、本店或相似店铺人群进行定向。

人群溢价的实质是提高定向人群的关键词出价。不同的精选人群对本店的商品有不同的点击与购买概率，例如，将商品放入购物车的访客相较于浏览未购买的访客会更倾向于点击与购买店铺内的产品，但浏览未够买的访客人数往往会高于商品放入购物车的访客。因此人群溢价比例的设置可以参考人群特征、潜在买家数量、关键词出价、建议溢价设定。

任务操作 1：点击“精选人群”，进入精选人群管理页面，点击“编辑人群”，编辑“淘宝首页潜力人群”，输入溢价比例，点击“确定”，如图 2–4–1 所示。

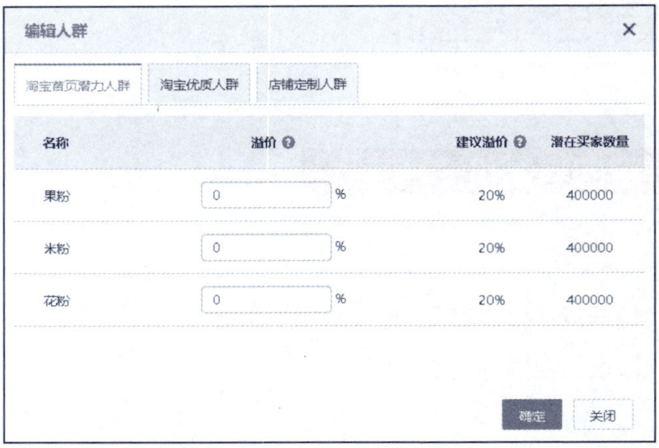

图 2-4-1　编辑“淘宝首页潜力人群”

任务操作 2：点击“精选人群”，进入精选人群管理页面，点击“编辑人群”，编辑“淘宝优质人群”，输入溢价比例，点击“确定”，如图 2-4-2 所示。

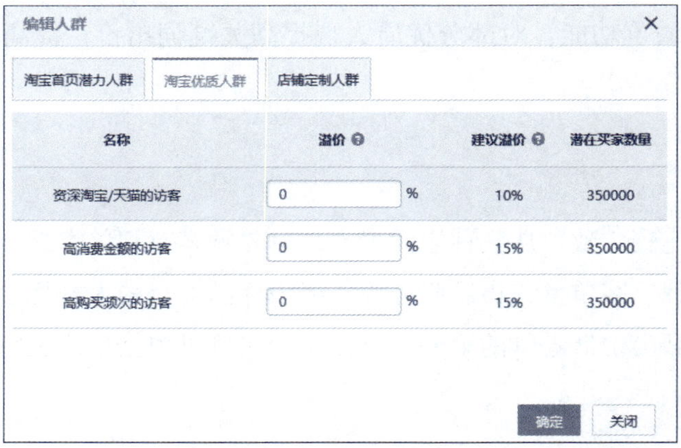

图 2-4-2　编辑“淘宝优质人群”

任务操作 3：点击精选人群，进入精选人群管理页面，点击“编辑人群”，编辑“店铺定制人群”，输入溢价比例，点击“确定”，如图 2-4-3 所示。

图 2-4-3　编辑“店铺定制人群”

任务思考

1. 设置人群溢价应考虑哪些因素？

人群溢价

2. 如何合理地设置人群溢价？

4.1 标品人群定向与溢价（速卖通）

任务目标

1. 能够对标品类目直通车推广商品制定人群定向策略
2. 能够为定向人群设置合理的溢价比例。

任务背景

在前期的操作中，Mary 对推广商品“Original PPTV V1 Mobile Phone 5.0 Inch Android 5.1 MT6735P Quad Core Smartphone 16GB 4G FDD-LTE Fingerprint PP5200 Cellphone” 与 “AGM X1 Waterproof Mobile Phone Android 6.0 Snapdragon 617 Octa-core 4GB 64GB 5.5 Inch Cellphone” 完成了关键词的添加与出价、创意优化等设置。为了进一步提高推广效果，Mary 决定利用直通车推广的人群标签溢价功能，对部分优质人群提高关键词出价，提高推广的点击与转化效果。

任务分析

标品外观属性比较一致，从某种层面来说，只要顾客有相关需求，都是潜在人群。对买家更加注重的是品牌、客单价、售后服务等。因为标品类目的人群标签不明显，所以在操作的时候都是采用高出价低溢价的策略。具体溢价比例可根据推广关键词出价、人群特征设置。

任务操作

对速卖通直通车人群进行划分，可以分为两种人群：优质人群、本店买家（此处实训系统不再展示）。标品类目的人群兴趣不明显，可根据商品特征选择相对吻合的人群或不定向此类人群。可适当地选择部分优质人群、本店或同类店铺人群进行定向。

人群溢价的实质是提高定向人群的关键词出价。不同标签的人群对本店的商品有不同的点击与购买的概率，例如，将商品放入购物车的访客相较于浏览未够买的访客会更倾向于点击与购买店铺内的产品，但浏览未够买的访客人数往往会高于商品放入购物车的访客。因此人群溢价比例的设置可以参考人群特征、潜在买家数量、关键词出价、建议溢价设定。

任务操作 1：点击“新建人群标签”，进入设置人群标签管理页面，编辑“优质人群”，输入溢价比例，点击“确认”。如图 2-4-1 所示。

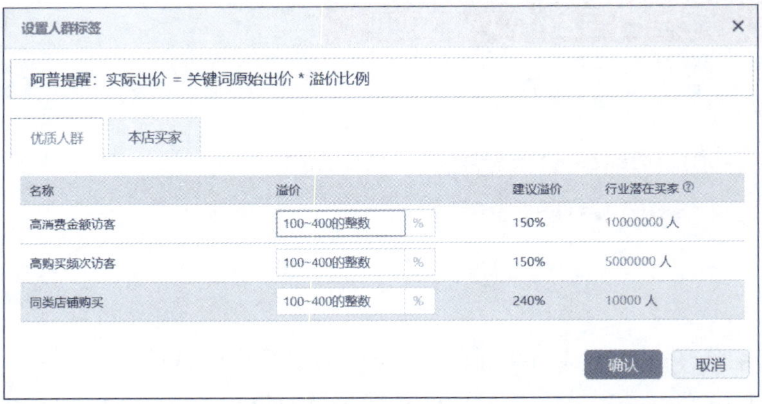

图 2-4-1　编辑“优质人群”

任务操作 2：点击“新建人群标签”，进入设置人群标签管理页面，编辑“本店买家”，输入溢价比例，点击“确认”，如图 2-4-2 所示。

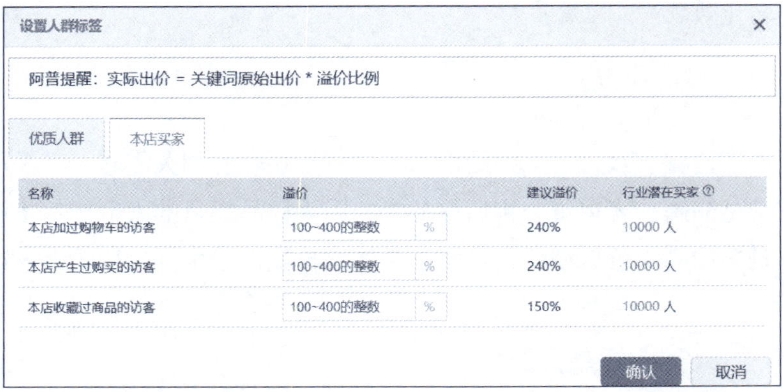

图 2-4-2　编辑“本店买家”

任务思考

1. 设置人群溢价应考虑哪些因素？

直通车人群定向

2. 如何合理地设置人群溢价？

4.2 非标品人群定向与溢价（淘宝）

任务目标

1. 能够对非标品类目直通车推广商品制定人群定向策略
2. 能够为定向人群设置合理的溢价比例

任务背景

在前期的操作中，小雅对推广商品“海边度假雪纺连衣裙女装新款潮流裙子夏季高腰法式淑女裙子”与“百驼真丝春夏新款杭州大牌直筒桑蚕丝印花长裙”完成了关键词的添加与出价、创意优化等设置，为了进一步提高推广效果，小雅决定利用直通车推广的精选人群溢价功能，对部分优质人群提高关键词出价，提高推广的点击与转化效果。

任务分析

非标品具有自己的一类风格，同一类风格的商品对应的人群也有其共性特征，推广的时候就需要优先把商品展现在这类人群面前，点击率与转化率也就相对较高，对这类人群出比较高的溢价更有价值。具体溢价比例可根据推广关键词出价、人群特征设置。

任务操作

对淘宝直通车人群进行划分，可以分为四种人群：具有某种兴趣偏向的人群、淘宝网优质人群、本店或相似店铺人群、自定义人口属性人群（此处实训系统不再展示）。非标品类目的人群兴趣明显，可根据商品特征选择符合商品特征的目标人群，还可适当地选择部分淘宝网优质人群、本店或相似店铺人群进行定向。

人群溢价的实质是提高定向人群的关键词出价。不同的精选人群对本店的商品有不同的点击与购买的概率，例如，将商品放入购物车的访客相较于浏览未够买的访客会更倾向于点击与购买店铺内的产品，但浏览未够买的访客人数往往会高于商品放入购物车的访客。因此人群溢价比例的设置可以参考人群特征、潜在买家数量、关键词出价、建议溢价设定。

任务操作1：点击“精选人群”，进入精选人群管理页面，点击“编辑人群”，编辑“淘宝首页潜力人群”，输入溢价比例，点击“确定”。如图2-4-4所示。

任务操作2：点击“精选人群”，进入精选人群管理页面，点击“编辑人群”，编辑“淘宝优质人群”，输入溢价比例，点击“确定”。如图2-4-5所示。

任务操作3：点击“精选人群”，进入精选人群管理页面，点击“编辑人群”，编辑“店铺定制人群”，输入溢价比例，点击“确定”。如图2-4-6所示。

2

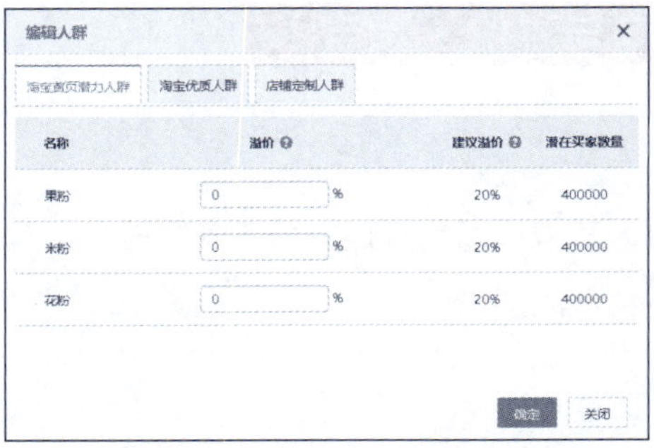

图 2-4-4　编辑“淘宝首页潜力人群”

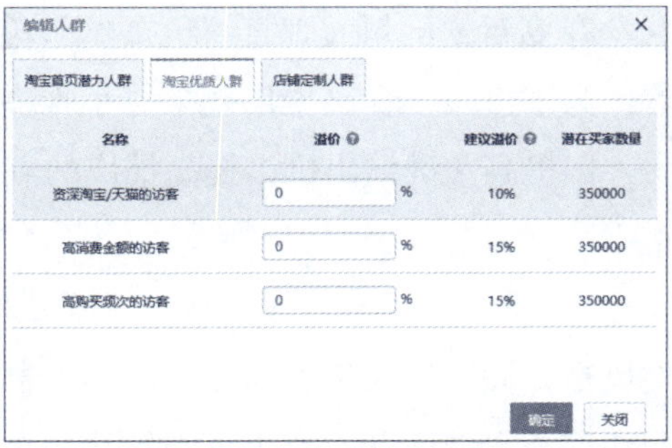

图 2-4-5　编辑“淘宝优质人群”

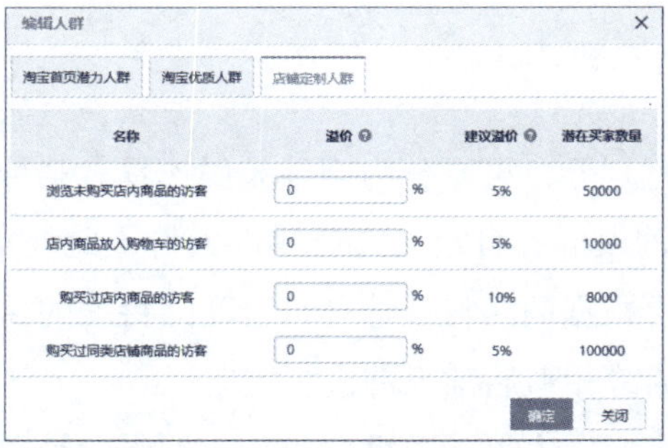

图 2-4-6　编辑“店铺定制人群”

任务思考

1. 设置人群溢价应考虑哪些因素？

2. 非标品与标品的人群溢价设置有何不同点？

4.2　非标品人群定向与溢价（速卖通）

任务目标

1. 能够对非标品类目直通车推广商品制定人群定向策略
2. 能够为定向人群设置合理的溢价比例

任务背景

在前期的操作中，Mary 对推广商品“New Blouse Women Casual Striped Top Shirts Blouses Female Loose Blusas Autumn Fall Casual Ladies Office Blouses Top Sexy”与“Fashion Women Casual Tops O Neck Ladies Baggy Shirt Blouse Loose Lantern Sleeve Ploka Dot Chiffon Elegant Holiday Clothes”完成了关键词的添加与出价、创意优化等设置。为了进一步提高推广效果，Mary 决定利用直通车推广的人群标签溢价功能，对部分优质人群提高关键词出价，提高推广的点击与转化效果。

任务分析

非标品具有自己的一类风格，同一类风格的商品对应的人群也有其共性特征，推广的时候就需要优先把商品展现在这类人群面前，点击率与转化率也就相对较高，对这类人群出比较高的溢价更有价值。具体溢价比例可根据推广关键词出价、人群特征设置。

任务操作

对速卖通直通车人群进行划分，可以分为两种人群：优质人群、本店买家（此处实训系统不再展示）。非标品类目的人群兴趣明显，可根据商品特征选择符合商品特征的目标人群，还可适当地选择部分优质人群、本店或相似店铺人群进行定向。

人群溢价的实质是提高定向人群的关键词出价。不同标签的人群对本店的商品有不同的点击与购买的概率，例如，将商品放入购物车的访客相较于浏览未够买的访客会更倾向于点击与购买店铺内的产品，但浏览未够买的访客人数往往会高于商品放入购物车的访客。因此人群溢价比例的设置可以参考人群特征、潜在买家数量、关键词出价、建议溢价设定。

任务操作 1：点击“新建人群标签”，进入设置人群标签管理页面，编辑“优质人群”，输入溢价比例，点击“确认”，如图 2-4-3 所示。

任务操作 2：点击“新建人群标签”，进入设置人群标签管理页面，编辑“本店买家”，输入溢价比例，点击“确认”。如图 2-4-4 所示。

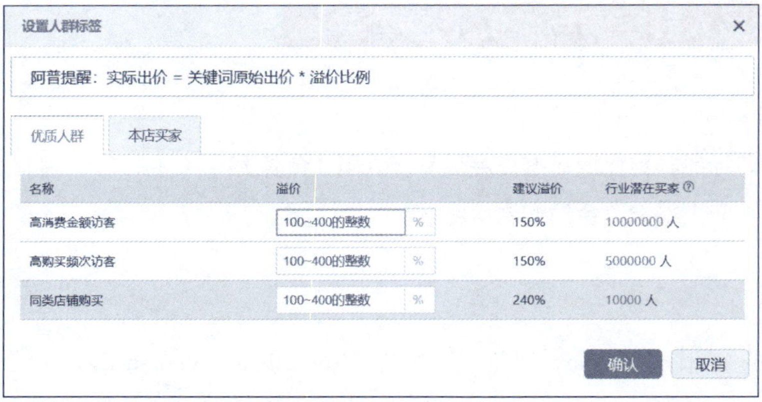

图 2-4-3　编辑“优质人群”

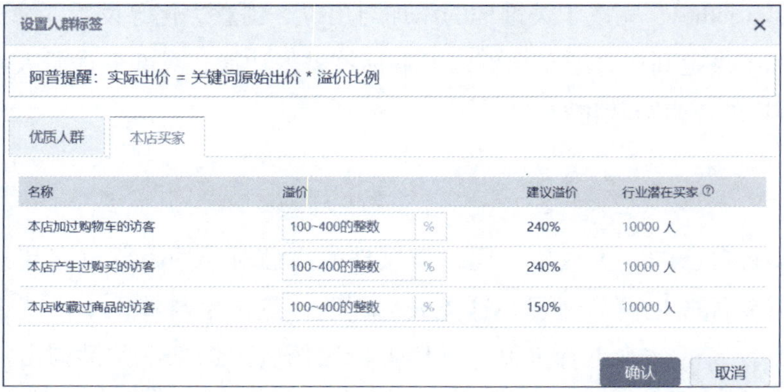

图 2-4-4　编辑“本店买家”

任务思考

1. 设置人群溢价应考虑哪些因素？

2. 非标品与标品的人群溢价设置有何不同点？

任务五　综合实训

5.1　标品 SEM 推广综合实训（淘宝）

任务目标

1. 能根据网店商品与推广目标，合理分配推广资金、设置推广地域与时间，制定并实施推广策略

2. 能根据推广策略，制定关键词策略，完成关键词的添加、匹配方式设置、出价

3. 能进行创意与人群定向策略的制定与实施

4. 能分析推广数据，提出优化方案

任务背景

奥卡手机周边专卖店是一家 3C 数码专营店，主要进行手机周边产品的销售。在“6・18”来临之际，为了提升店铺内产品的整体销量，增强行业竞争力，运营主管决定对店铺内移动电源分类下的商品在 5 万元的推广资金范围内进行一个周期的直通车推广，实现部分爆款商品的打造与新品或滞销品的促活。

任务分析

标品类目买家搜索词较少，竞争相对激烈，又由于推广资金有限，可选择部分商品进行推广，并合理分配推广资金。为了实现推广效果最大化，还可以设置详细的推广地域与推广时间策略，针对不同的推广商品，要进行关键词的添加、匹配方式设置、出价，为了降低推广成本，提高推广效果，还可以进行创意的编辑与优化、人群溢价。

任务操作

一、推广策略制定

在进行推广之前，要确定推广商品，分配推广资金，确定推广地域、推广时间与推广方式，力求以最少的花费获得合理的流量，并达到爆款商品打造与新品或滞销品促活的目的。因此，在选品的时候要从爆款商品倾向商品与新品或滞销品两个角度考虑。为保证推广效果，要对推广商品合理分配资金，并结合商品的地域分布特征与消费者的购物时间分布情况，合理选择推广地域、设置推广时间。直通车分为标准推广与智能推广，要结合不同推广方式的特点，选择满足自己需求的推广方式。请将推广策略填写到表 2-5-1 中。

表 2-5-1 推广策略

序号	推广商品	推广资金	推广地域	推广时间	推广方式
1					
2					
3					
4					
5					
6					
7					
8					
9					
10					

二、推广关键词策略制定与实施

标品类目的搜索词较少，但爆款商品与新品 / 滞销品的关键词策略不同，需要为不同的商品制定不同的关键词策略，根据制定的关键词策略，借助实训系统，完成关键词的添加、出价与匹配方式设置。请将关键词策略填写到表 2–5–2 中。

表 2-5-2 关键词策略

商品分类	推广商品	关键词策略
爆款		
新品 / 滞销品		

三、设置创意流量分配方式

可根据商品信息与推广关键词，编辑与优化创意。请将优化后创意填写到表 2–5–3 中。

表 2-5-3 创意编辑与优化

排序	根据商品编辑创意	根据推广关键词优化创意
1		
2		
3		
4		

四、人群定向与溢价

标品外观属性比较一致，人群特征不明显，可根据商品特征选择相对吻合的人群或不定向特定兴趣偏向的人群。可适当地选择部分淘宝网优质人群、本店或相似店铺人群进行定向。

任务操作：请借助实训系统，完成标品类目店铺的商品推广。

五、推广账户数据分析与优化

推广账户数据分析主要是从推广计划、推广单元、推广关键词、创意、定向人群进行分析。对不同的推广计划与推广单元、关键词、创意、人群进行对比，分析流量与花费，对某一推广计划与推广单元、关键词、创意、人群，分析具体流量来源、花费是否存在不合理。其中，对关键词的分析要分清搜索词与进店词。

任务操作：点击“结束推广”后，点击“推广计划”“推广单元”“关键词”“创意”“精选人群”，查看并分析推广数据。请将分析结论和优化建议填写到表 2–5–4 中。

表 2–5–4　账户数据分析与优化

分析项目	分析结论	优化建议
推广计划		
推广单元		
关键词		
创意		
精选人群		

任务思考

1. 如何才能以有限的推广资金，获得更多的流量？

系统操作说明

2. 店铺内商品数量较多时，应如何选择商品进行直通车推广？

5.1　标品 SEM 推广综合实训（速卖通）

任务目标

1. 能够根据网店商品与推广目标，合理分配推广资金，制定并实施推广策略
2. 能够根据推广策略，制定关键词策略，完成关键词的添加、出价
3. 能够进行创意与人群定向策略的制定与实施
4. 能够分析推广数据，提出优化方案

任务背景

86 Prime Mobile Phone store 是一家 3C 数码店铺，主要进行手机产品的销售。在“黑色星期五”来临之际，为了提升店铺内商品的整体销量，增强行业竞争力，运营主管决定对店铺内手机分类下的商品在 5 万元的推广资金范围内进行一个周期的直通车推广，实现部分爆款商品的打造与新品或滞销品的促活。

任务分析

标品类目买家搜索词较少，竞争相对激烈，又由于推广资金有限，可选择部分商品进行推广，并合理分配推广资金。针对不同的推广商品，要进行关键词的添加、出价，为了降低推广成本，提高推广效果，还可以进行创意的编辑与优化、人群溢价设置。

任务操作

一、推广策略制定

在进行推广之前，要确定推广商品，分配推广资金，力求以最少的花费获得合理的流量，并达到爆款商品打造与新品 / 滞销品促活的目的。因此，在选品的时候要从爆款商品倾向商品与新品或滞销品两个角度考虑。为保证推广效果，要对推广商品合理进行资金分配。直通车分为重点推广与快捷推广，要结合不同推广方式的特点，选择满足自己需求的推广方式。请将推广策略填写到表 2–5–1 中。

表 2–5–1　推广策略

序号	推广商品	推广资金	推广地域	推广时间	推广方式
1					
2					
3					
4					

续表

序号	推广商品	推广资金	推广地域	推广时间	推广方式
5					
6					
7					
8					
9					
10					

二、推广关键词策略制定与实施

标品类目的搜索词较少，但爆款商品与新品 / 滞销品的关键词策略不同，需要为不同的商品制定不同的关键词策略，根据制定的关键词策略，借助实训系统，完成关键词的添加、出价设置。请将关键词策略填写到表 2–5–2 中。

表 2–5–2　关键词策略

商品分类	推广商品	关键词策略
爆款		
新品 / 滞销品		

三、设置创意流量分配方式

可根据商品信息与推广关键词，编辑与优化创意。请将优化后创意填写到表 2–5–3 中。

表 2–5–3　创意编辑与优化

排序	根据商品编辑创意	根据推广关键词优化创意
1		
2		
3		
4		

四、人群定向与溢价

标品外观属性比较一致，人群特征不明显，可根据商品特征选择相对吻合的人群或不定向特定兴趣偏向的人群。可适当地选择部分优质人群、本店或相似店铺人群进行定向。

任务操作：请借助实训系统，完成标品类目店铺的商品推广。

五、推广账户数据分析与优化

推广账户数据分析主要是从推广计划、推广单元、推广关键词、创意、定向人群进行分析。对不同的推广计划与推广单元、关键词、创意、人群进行对比，分析流量与花费，对某一推广计划与推广单元、关键词、创意、人群，分析具体流量来源、花费是否存在不合理。其中，对关键词的分析要分清搜索词与进店词。

任务操作：点击“结束推广”后，点击“推广计划”“推广单元”“关键词”“创意”“精选人群”，查看并分析推广数据。请将分析结论和优化建议填写到表 2-5-4 中。

表 2-5-4　账户数据分析与优化

分析项目	分析结论	优化建议
推广计划		
推广单元		
关键词		
创意		
精选人群		

任务思考

1. 如何才能以有限的推广资金，获得更多的流量？

系统操作说明

____

____

____

____

2. 店铺内商品数量较多时，应如何选择商品进行直通车推广？

____

____

____

____

5.1 SEM 推广综合实训（百度）

5.1.1 闪投推广

任务目标

1. 能根据商城特征，制定并实施闪投推广策略

2. 能根据商品特征，制定并实施优选词定向策略

3. 能够分析推广效果，提出优化方案

任务背景

华为商城是华为旗下面向全国服务的电子商务平台官网，提供正品华为手机(华为mate10、华为 p10、荣耀 9、荣耀畅玩 7x、麦芒 6、华为 mate9、荣耀 v9、华为 nova2 等)、平板电脑、配件等全新华为产品。目前，商城的展现、点击效果较好，在同行业中具有较强的竞争力，且商品数量较多。为了实现商品的最大化曝光，提高商品的市场占有率，推广专员辰辰决定对商品进行闪投推广。

任务分析

目前，华为商城内需推广的商品主要是华为手机、荣耀手机，为方便管理，可根据商品的子品牌名称建立推广计划进行分类管理。华为商城的品牌影响力较强，品牌词搜索相对频繁，因此可以通过商品名称或品牌词等进行定向。华为商城的展现、点击效果较好，在同行业中具有较强的竞争力，因此可以通过分类词、通用词等进行定向。

任务操作

一、新建推广计划与推广单元

分析商品，按照子品牌名称对商品进行分类，并根据分类，新建推广计划与推广单元。请将分类结果填写到表 2-5-1 中。

表 2-5-1 商品分类表

子品牌名称	商品名称	
华为		
荣耀		

任务操作 1：点击“创建计划”，点击“下一步”，新建推广计划。点击“下一步”。如图 2–5–1 所示。

任务操作 2：点击“选择产品投放”，按照产品分类，勾选投放产品，点击“确定”。如图 2–5–2 所示。

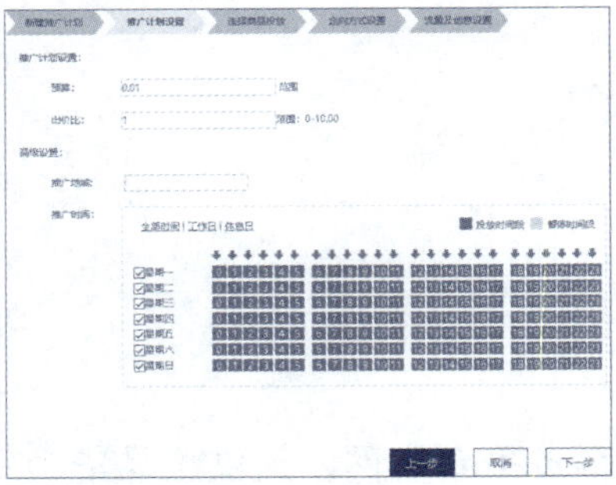

图 2–5–1　新建推广计划

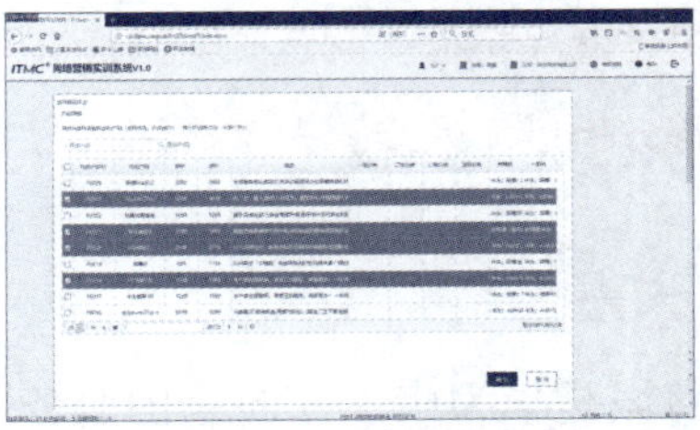

图 2–5–2　勾选投放产品

二、添加优选词定向与创意

1. 找出店铺商品的商品名称词并借助搜索推广了解市场均价。请将结果填写到表 2–5–2 中。

表 2–5–2　商品名称词表

序号	关键词	市场均价
1		
2		
3		
4		

2. 找出店铺内的商品分类词，并借助搜索推广了解市场均价。请将结果填写到表 2–5–3 中。

表 2–5–3　商品分类词表

序号	关键词分类	关键词	市场均价
1	一级类目		
2	二级类目		
3	三级类目		
4	四级类目		

3. 找出店铺内商品的通用词，并借助搜索推广了解市场均价。请将结果填写到表 2–5–4 中。

表 2-5-4　商品通用词表

序号	关键词	市场均价
1		
2		
3		
4		

4. 找出店铺内的商品标签关键词，并借助搜索推广了解市场均价。请将结果填写到表 2-5-5 中。

表 2-5-5　商品标签关键词表

序号	关键词	市场均价
1		
2		
3		
4		

任务操作 1：点击“快速设置”，勾选字段生成关键词，填写默认出价，点击“匹配方式”下拉框，选择匹配方式，如图 2-5-3 所示。

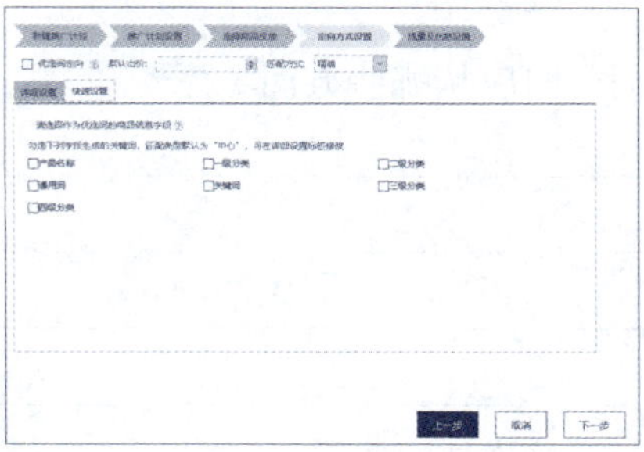

图 2-5-3　勾选字段生成关键词

任务操作 2：点击“详细设置”，可修改优选词匹配方式，设置出价，点击“下一步”，进入创意设置，如图 2-5-4 所示。

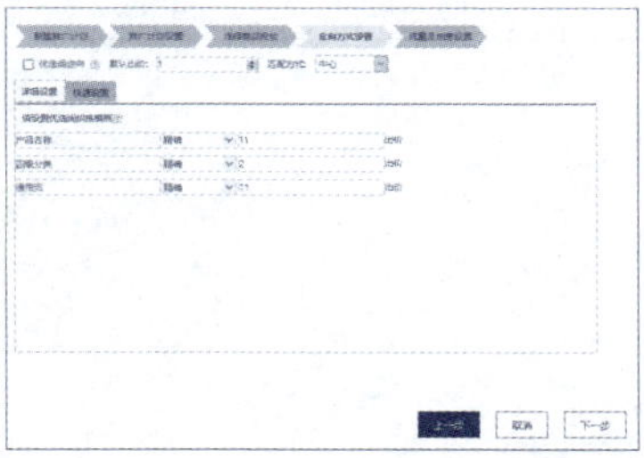

图 2-5-4　设置选词拼接模板

三、分析推广数据，提出优化建议

推广数据分析主要是从推广计划、单元、创意、关键词进行分析（见图 2–5–5）。对不同的推广计划与推广单元、关键词、创意进行对比，分析流量与花费的差距，对某一推广计划与推广单元、关键词、创意，分析具体流量来源、花费是否存在不合理。

任务操作：点击“结束推广”后，点击“推广计划”“推广单元”“关键词”“创意”“精选人群”，查看并分析推广数据，并将分析结论和优化建议填写到表 2–5–6 中。

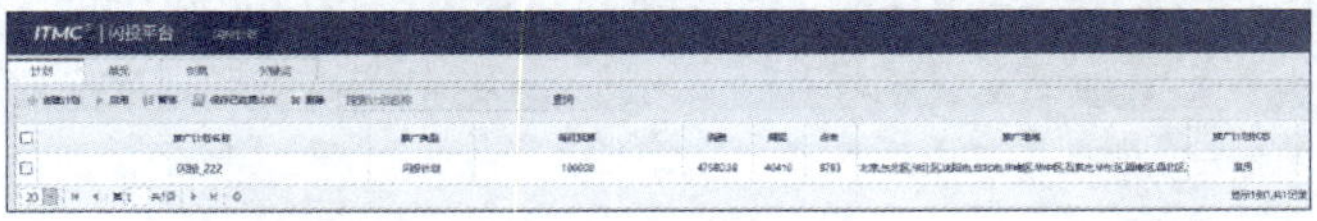

图 2–5–5　推广数据分析界面

表 2–5–6　推广账户数据分析与优化

分析项目	分析结论	优化建议
推广计划		
推广单元		
关键词		
创意		
精选人群		

任务思考

1. 闪投推广过程中优选词定向应从哪些方面考虑？

闪投推广

2. 在什么情况下适合使用闪投推广？

5.1.2　行业定投（百度）

任务目标

1. 能够根据业务类型，查找相关行业链接地址

2. 能够分析相关行业链接地址，选择相关行业链接地址

任务背景

由于业务量巨大，以及行业搜索词的不断变化，推广专员辰辰决定为华为商城（http://www.vmall.com/）利用行业定投功能追踪竞品网站，快速获取竞品行业流量，补充自己官网流量，提升品牌覆盖量。目前，华为商城的主要业务类型为手机，但行业中竞争者数量较多，辰辰开始进行详细的链接查找与分析。

任务分析

行业定投是指商家购买具有较高相关性的竞品、行业知识或商家官网等链接，当商家投放的链接在用户搜索的自然排名结果中展现时，商家的推广信息开始在购买链接展示位置的上方竞价展现。这就要求商家在购买网站时需要对找到的链接的业务内容与自然搜索排名情况进行详细分析，一方面要保证购买的链接的业务内容尽可能与本身的业务内容相关，另一方面要保证购买的链接具有一定的市场竞争力且有足够的机会获得自然排名的曝光。

任务操作

一、新建行业定投推广计划与推广单元

推广计划与推广单元的设计较为灵活，在此处为了更方便地管理投放链接，可以用链接的名称缩写或链接类型划分。

任务操作 1：点击“新建行业定投推广计划”，填写推广计划名称，填写出价，点击“确定”或“确定并添加推广单元”，如图 2–5–6 所示。

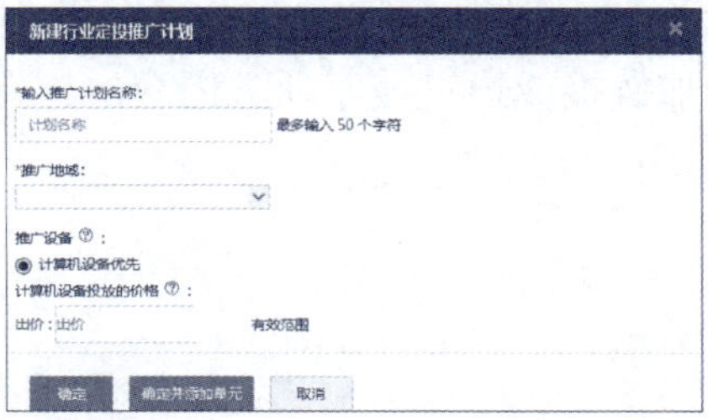

图 2–5–6　新建行业定投推广计划

任务操作 2：点击“新建行业定投推广单元”，选择目标推广计划名，输入推广单元名称，填写单元出价，点击“确定”，如图 2–5–7 所示。

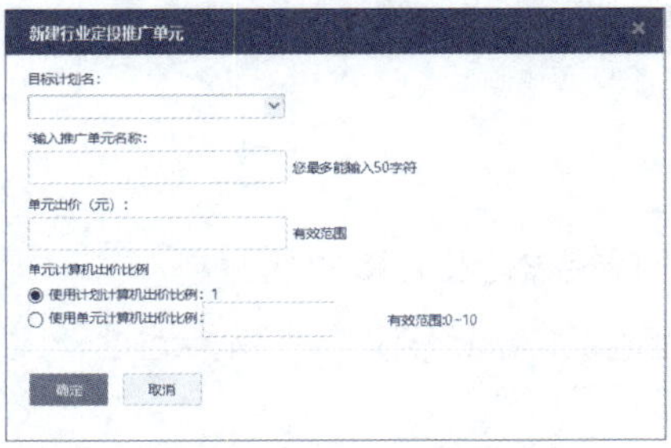

图 2-5-7　新建行业定投推广单元

二、选择投放网址

行业定投能够获得展现并带来一定的点击量与转化效果的影响因素主要有两个方面：排名是否在第一位、业务内容是否相关。

行业定投是当商家投放的链接在用户搜索的自然排名结果中展现时，商家的推广信息开始在购买链接展示位置的上方竞价展现，这就决定了所有购买此链接的商家在同一展示位置上进行竞价，出价最高者获得展示机会，因此，在出价时要保证在预估排名第一的位置。

业务内容相关决定了当用户搜索商家投放的链接时，商家的业务内容符合用户的搜索需求，只有这样才能吸引用户点击，并带来转化。

根据当前业务查找 5 个相似链接，并设置出价。请将相关网页链接和预估排名第一位时的出价填写到表 2-5-7 中。

表 2-5-7　相关链接与出价

序号	相关网页链接	预估排名第一位时的出价
1		
2		
3		
4		
5		

任务操作：通过手动添加链接或通过搜索业务内容的方式添加链接，添加目标出价，选择目标计划与目标单元，点击“保存”，如图 2-5-8 所示。

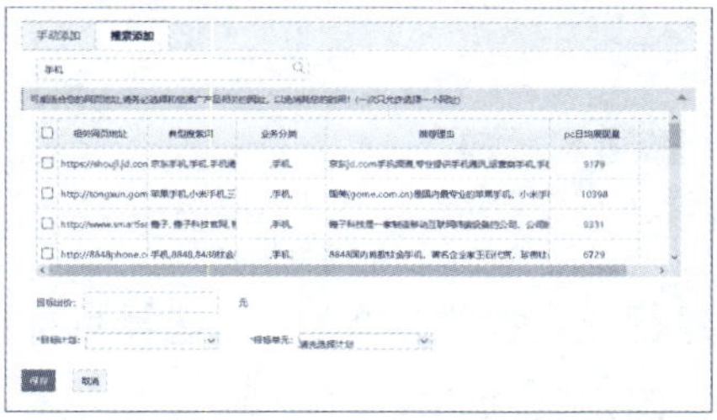

图 2-5-8　添加链接

三、新建创意

创意编辑主要是创意标题、创意描述第一行、创意对描述第二行的编写。创意标题一般基于商家的业务内容与业务优势编写，创意描述第一行和创意描述第二行可根据标题来扩展说明业务优势与业务内容。可根据推广链接的业务内容与商家业务内容使用通配符增加创意飘红。

任务操作：点击“新建页面投放创意”，选择推广单元，点击“去填写创意信息”，填写创意标题、创意描述第一行、创意描述第二行、默认显示 URL、移动显示 URL，点击“确定”。如图 2-5-9 所示。

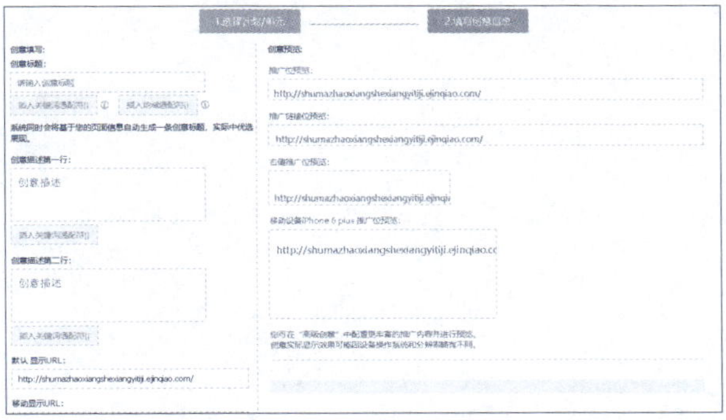

图 2-5-9　填写创意信息

任务思考

1. 在使用行业定投的过程中，应注意哪些因素？

行业定投

2. 行业定投对搜索推广的弥补作用体现在哪里？

5.1.3　竞秀推广（百度）

任务目标

1. 能够根据商家信息，挖掘竞秀焦点通用关键词

2. 能够根据商家信息特征，制定并实施竞秀推广策略

任务背景

作为稳坐国内第一的手机厂商，华为已经走向世界，遍布全球，备受国内外消费者喜爱，成为民族企业的骄傲。随着用户品牌意识的增强，打造品牌形象成为华为商城（http://www.vmall.com/）的重要工作内容。为了树立品牌形象，抢占通用词流量，推广专员辰辰决定使用竞秀推广工具进行推广。

任务分析

竞秀即竞秀焦点，是在通用词流量下，通过首位、强样式，给客户提供了一种品牌信息差异化传达的场景，通过首位强样式展现显示商家实力，加深用户对品牌的认识。在进行竞秀推广时，要根据商家和商品信息，明确并选择通用词，并能够根据竞秀焦点样式，结合商家信息与商品信息编辑创意。

任务操作

一、挖掘通用词

分析商家信息与商品信息，尽可能多地挖掘商家业务通用词。请将通用词填写到表 2–5–8 中。

表 2–5–8　通用词表

序号	通用词	
1		
2		
3		
4		

二、新建竞秀焦点计划与竞秀焦点单元

任务操作：点击“新建竞秀焦点计划”，填写推广计划名称，选择创意展现方式，选择推广地域，填写出价，点击“确定”。点击“新建竞秀焦点单元”，输入推广单元名称，填写单元出价，填写竞秀焦点出价系数，点击“确定”或“确定并添加竞秀焦点关键词”，如图 2–5–10 所示。

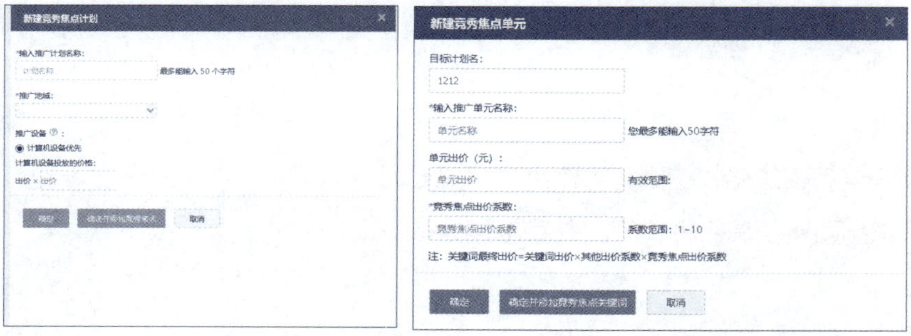

图 2-5-10　新建竞秀焦点计划与竞秀焦点单元

三、添加竞秀关键词并出价

竞秀焦点推广是通用词首屏首位展现的，因此，在推广时，当通用词的预估排名为第一位时，才有机会获得展现，将通用词与排名第一位时的出价填到表 2-5-9 中。

表 2-5-9　竞秀关键词出价表

序号	通用词	排名第一位时的出价
1		
2		
3		
4		

任务操作：勾选竞秀焦点关键词，点击“确定”，根据预估排名，修改关键词的出价，点击“保存已变更出价”。如图 2-5-11 所示。

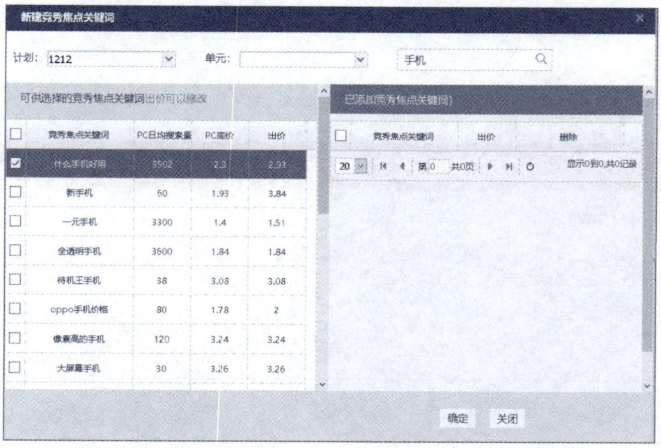

图 2-5-11　勾选竞秀焦点关键词

四、编辑创意

创意编辑主要是创意标题、创意描述第一行、创意描述第二行的编写。创意标题一般基于商家的业务内容与业务优势编写，创意描述第一行和创意描述第二行可根据标题来扩展说明业务优势与业务内容。可根据推广链接的业务内容与商家业务内容使用通配符增加创意飘红。

任务操作：点击“新建竞秀焦点创意”，选择模板，点击“填写创意”，填写创意标题、创意描述、链接地址，点击“确定”。如图 2-5-12 所示。

图 2-5-12　填写创意信息

任务思考

1. 竞秀焦点关键词添加时，应注意哪些要素？

竞秀产品介绍

2. 竞秀焦点推广对搜索推广有什么补充作用？

5.1.4　品牌推广（百度）

任务目标

1. 能够根据商品与推广预算，制定品牌推广策略

2. 能够根据品牌推广策略，进行品牌专区、品牌起跑线、品牌华表推广

任务背景

华为手机隶属于华为消费者业务，是华为三大核心业务之一。华为消费者业务始于 2003 年年底，经过十余年的发展，在中国、俄罗斯、德国、瑞典、印度及美国等国家设立了 16 个研发中心。随着品牌价值的凸显，品牌形象的塑造尤为重要。为更好地打造品牌形象，提升品牌推广效能，推广专员辰辰决定对华为商城（http://www.vmall.com/）进行品牌推广。

任务分析

品牌推广常用的三种方式为品牌专区、品牌起跑线、品牌华表。品牌专区通过独占品牌词与专属产品词的形式占据搜索结果首页首位 2/3 位置；品牌起跑线通过品牌词或产品词定位目标消费者，首屏首页大面积展示创意内容；品牌华表将通用词、节日词等关键词占为己有，在网页搜索结果页右侧将品牌信息前置。不同的品牌推广方式产生的品牌效应不同，吸引点击的能力不同。华为作为国际手机大品牌，可采用品牌专区的高级样式树立和强化企业的品牌影响力。

任务操作

一、品牌分析

根据商家信息与产品信息，找出企业品牌词、专属产品词、产品词、通用词，并将其填写到表 2-5-10 中。

表 2-5-10　品牌词表

品牌词	专属产品词	产品词	通用词

二、品牌专区推广

1. 品牌专区申请与递交品牌词。

品牌专区推广可根据购买的关键词为品牌词，在递交关键词时，要提交华为品牌及子品牌关键词。品牌专区申请界面如图 2-5-13 所示。

2

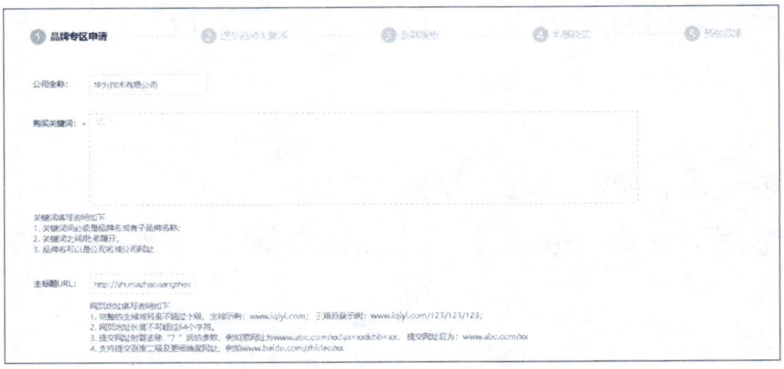

图 2-5-13　品牌专区申请

任务操作：填写购买关键词，点击“提交”，查看购买关键词，点击“提交”。如图 2-5-13 所示。

2. 选择并编辑品牌创意样式。

不同的创意样式会产生不同的品牌效应，可展示信息不同，根据推广资金与推广目标，选择并编辑创意样式。

任务操作：选择品牌模板，点击“去填写模板信息”，根据提示填写创意信息，点击“确定”。选择华表样式，点击“去填写模板信息”，根据提示填写信息，点击“确定”。如图 2-5-14 所示。

图 2-5-14　填写模板信息

三、品牌起跑线推广

1. 品牌起跑线申请与递交推广词。

品牌起跑线推广可购买的关键词为品牌词或产品词，其界面如图 2-5-15 所示。

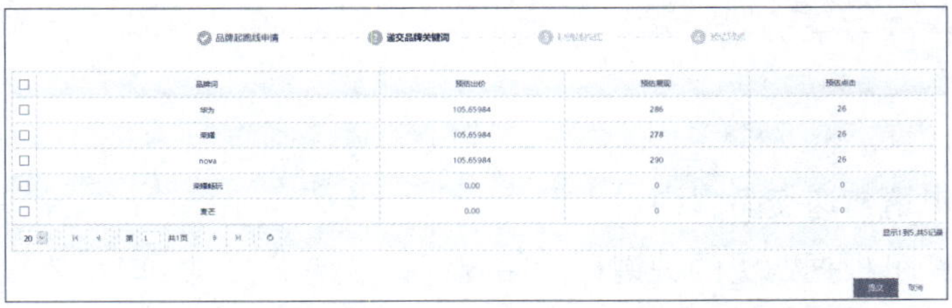

图 2-5-15　品牌起跑线申请与递交推广词

任务操作：点击“新建推广单元”，填写单元名称，选择城市区域，点击“提交”，勾选推广关键词，点击“提交”。

2. 选择并编辑品牌创意样式。

任务操作：选择创意模板，点击“去填写模板信息”，根据提示填写创意信息。如图 2–5–16 所示。

图 2–5–16　填写创意信息

四、品牌华表推广

1. 添加关键词包。

品牌华表推广的关键词为通用词，在购买关键词包时，尽可能地购买与商品相关的通用词，提高品牌点击。

任务操作：点击“添加词包”，查看关键词包内关键词，选择关键词包，点击“提交”。如图 2–5–17 所示。

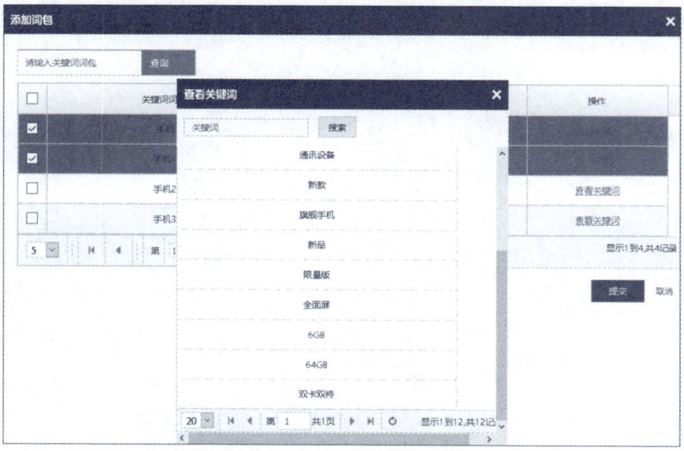

图 2–5–17　添加关键词包

2. 编辑华表。

任务操作：选择华表样式，点击“去填写模板信息”，根据提示填写信息，点击“确定”。

任务思考

1. 品牌专区、品牌起跑线、品牌华表之间具备什么关系？应如何选择？

品牌推广

2. 在品牌推广过程中应注意什么问题？

5.1.5　商品销售行业 SEM 推广综合实训（百度）

任务目标

1. 能够根据商城现状，制定推广策略，并合理分配推广资金，设置推广地域与推广时间

2. 能够根据制定的推广策略，选择关键词并设置出价

3. 能够根据商品信息、商家信息、推广类型，选择并制作合适的创意类型

4. 能够分析推广效果，提出优化方案

任务背景

华为商城（http://www.vmall.com/）是华为旗下面向全国服务的电子商务平台官网，提供正品华为手机（华为 mate10、华为 p10、荣耀 9、荣耀畅玩 7x、麦芒 6、华为 mate9、荣耀 v9、华为 nova2 等）、平板电脑、配件等全新华为产品。作为稳坐国内第一的手机厂商，华为已经走向世界，遍布全球，备受国内外消费者喜爱。随着用户品牌意识的增强，打造品牌形象成为华为商城（http://www.vmall.com/）的重要工作内容。目前，华为商城的展现、点击效果较好，在同行业中具有较强的竞争力，且商品数量较多。百度作为最大的中文搜索引擎，是商城曝光与提高品牌效应的有效工具。推广专员辰辰决定在 5 万元的推广资金范围内有选择地利用百度的搜索推广、闪投推广、行业定投、竞秀、品牌专区、品牌起跑线、品牌华表等工具对商城进行推广。

任务分析

目前，商城内需推广的商品主要是华为手机、荣耀手机，在推广时，要从商城或商品的曝光、商家企业形象的角度入手。搜索推广可选择关键词灵活，可选择搜索推广对其他推广方式进行补充；闪投推广是偏向于商品推广的批量推广方式，可重点用于商品推广；行业定投可以定位竞争对手，作为搜索流量的补充；竞秀与品牌华表是基于通用词的品牌推广方式，可选择一种进行推广；品牌专区与品牌起跑线倾向于品牌词推广，可选择一种进行推广。

任务操作

一、推广策略制定

根据不同推广方式的特点及相互关系，选择推广方式，并设置资金分配、推广地域、推广时间等内容。请将推广策略填写到表 2–5–11 中。

表 2-5-11 推广策略表

推广方式	资金分配	推广地域	推广时间	策略简介

二、推广关键词策略制定与实施

根据不同的推广方式，选择关键词并设置出价。请将推广方式和关键词策略填写到表 2-5-12 中。

表 2-5-12 关键词策略

推广方式	关键词策略

三、创意编辑

可根据商品信息与企业信息，编辑并优化创意。请将优化创意填写到表 2-5-13 中。

表 2-5-13 创意编辑与优化

推广类型	根据商品编辑创意	根据推广关键词优化创意

四、分析推广数据，提出优化建议。

推广数据分析主要是从不同推广方式、推广计划、推广单元、关键词、创意进行分析。对不同的推广方式、推广计划与推广单元、关键词、创意进行对比，分析流量与花费的差距，对某一推广计划与推广单元、关键词、创意，分析具体流量来源、花费是否存在不合理现象。

任务操作：点击“结束推广”后，点击“推广计划”“推广单元”“关键词”“创意”“精选人群”，查看并分析推广数据。请将分析结论和优化建议填写到表 2-5-14 中。

表 2-5-14　账户数据分析与优化

分析项目	分析结论	优化建议
推广计划		
推广单元		
关键词		
创意		
精选人群		

任务思考

1. 在对某商家推广时，应如何结合商家特征，选择推广方式？

系统操作说明

2. 搜索推广、闪投推广、行业定投、竞秀、品牌专区、品牌起跑线、品牌华表有什么内在联系？

5.2　非标品 SEM 推广综合实训（淘宝）

任务目标

1. 能够根据网店商品与推广目标，合理分配推广资金、设置推广地域与时间，制定并实施推广策略

2. 能够根据推广策略，制定关键词策略，完成关键词的添加、匹配方式设置、出价

3. 能够进行创意与人群定向策略的制定与实施

4. 能够分析推广数据，提出优化方案

任务背景

百驼女装是一家在淘宝运营多年的 4 皇冠淘宝店铺，主营类目为女装，经营商品为针织衫、连衣裙、衬衫、蕾丝衫 / 雪纺衫。在“双 11”来临之际，为了提升店铺内产品的整体销量，增强行业竞争力，运营主管决定对店铺内的商品在 5 万元的推广资金范围内进行一个周期的直通车推广，实现部分爆款商品的打造与新品或滞销品的促活。

任务分析

非标品类目买家搜索的多样化导致可推广关键词较多，但由于推广资金有限，推广商品较多，可选择部分商品进行推广，并合理分配推广资金。为了实现推广效果最大化，还可以设置详细的推广地域与推广时间策略，针对不同的推广商品，要进行关键词的添加、匹配方式设置、出价，为了降低推广成本，提高推广效果，还可以进行创意的编辑与优化、人群溢价。

任务操作

一、推广策略制定

在进行推广之前，要确定推广商品，分配推广资金，确定推广地域、推广时间与推广方式，力求在有限的推广资金范围内，最大化地达到爆款商品打造与新品 / 滞销品促活的目的。因此，在选品的时候要从爆款倾向商品与新品 / 滞销品两个角度考虑。为保证推广效果，要对推广商品合理分配资金，并结合商品的地域分布特征与消费者的购物时间分布情况，合理选择推广地域，设置推广时间。直通车分为标准推广与智能推广，要结合不同推广方式的特点，选择满足自己需求的推广方式。请将推广策略填写到表 2–5–5 中。

表 2-5-5 推广策略

序号	推广商品	推广资金	推广地域	推广时间	推广方式
1					
2					
3					
4					
5					
6					
7					
8					
9					
10					

二、推广关键词策略制定与实施

非标品类目商品多样化，可推广关键词较多，商品不同，关键词策略不同，推广效果也不同。爆款商品与新品 / 滞销品具有不同的市场竞争力，关键词的选择也就不同。在对非标品类目商品进行推广时，需要根据商品的市场竞争力制订不同的关键词策略。请将关键词策略填写到表 2-5-6 中。

表 2-5-6 关键词策略

商品分类	推广商品	关键词策略
爆款		
新品 / 滞销品		

三、设置创意流量分配方式

可根据商品信息与推广关键词，编辑与优化创意。请将优化后创意填写到表 2-5-7 中。

表 2-5-7 创意编辑与优化

序号	根据商品编辑创意	根据推广关键词优化创意
1		
2		
3		
4		

四、人群定向与溢价

非标品具有自己的一类风格，同一类风格的商品对应的人群也有其共性特征，可根据商品特征选择相对吻合的特定兴趣偏向的淘宝首页潜力人群。可适当地选择部分淘宝网优质人群、本店或相似店铺人群进行定向。

任务操作：请借助实训系统，完成非标品类目店铺的商品推广。

五、推广账户数据分析与优化

推广账户数据分析主要是从推广计划、推广单元、推广关键词、创意、定向人群进行分析。对不同的推广计划与推广单元、关键词、创意、人群进行对比，分析流量与花费的差距，对某一推广计划与推广单元、关键词、创意、人群，分析具体流量来源、花费是否存在不合理。其中，关键词的分析要分清搜索词与进店词。

任务操作：点击“结束推广”后，点击“推广计划”“推广单元”“关键词”“创意”“精选人群”，查看并分析推广数据。请将分析结论和优化建议填写到表 2-5-8 中。

表 2-5-8　账户数据分析与优化

分析项目	分析结论	优化建议
推广计划		
推广单元		
关键词		
创意		
精选人群		

任务思考

1. 搜索词、推广词、进店词之间的转换逻辑是什么？

2. 推广创意、关键词、定向人群在推广时需要注意什么内在联系？

5.2　非标品 SEM 推广综合实训（速卖通）

任务目标

1. 能够根据网店商品与推广目标，合理分配推广资金，制定并实施推广策略
2. 能够根据推广策略，制定关键词策略，完成关键词的添加、出价
3. 能够进行创意与人群定向策略的制定与实施
4. 能够分析推广数据，提出优化方案

任务背景

LIAO Girl 是一家在速卖通运营多年的店铺，主营类目为女装，经营商品为连衣裙、衬衫 / 雪纺衫。在“黑色星期五”来临之际，为了提升店铺内产品的整体销量，增强行业竞争力，运营主管决定对店铺内的商品在 5 万元的推广资金范围内进行一个周期的直通车推广，实现部分爆款商品的打造与新品或滞销品的促活。

任务分析

非标品类目买家搜索的多样化导致可推广关键词较多，但由于推广资金有限，推广商品较多，可选择部分商品进行推广，并合理分配推广资金。针对不同的推广商品，要进行关键词的添加、出价，为了降低推广成本，提高推广效果，还可以进行创意的编辑与优化、人群溢价。

任务操作

一、推广策略制定

在进行推广之前，要确定推广商品，分配推广资金，力求在有限的推广资金范围内，最大化地达到爆款商品打造与新品 / 滞销品促活的目的。因此，在选品的时候要从爆款倾向商品与新品 / 滞销品两个角度考虑。为保证推广效果，要对推广商品进行合理的资金分配。直通车分为重点推广与快捷推广，要结合不同推广方式的特点，选择满足自己需求的推广方式。请将推广策略填写到表 2-5-5 中。

表 2-5-5　推广策略

序号	推广商品	推广资金	推广地域	推广时间	推广方式
1					
2					
3					
4					
5					

续表

序号	推广商品	推广资金	推广地域	推广时间	推广方式
6					
7					
8					
9					
10					

二、推广关键词策略制定与实施

非标品类目商品多样化，可推广关键词较多，商品不同，关键词策略不同，推广效果也不同。爆款商品与新品 / 滞销品具有不同的市场竞争力，关键词的选择也就不同。在对非标品类目商品进行推广时，需要根据商品的市场竞争力制定不同的关键词策略。

根据制定的关键词策略，借助实训系统，完成关键词的添加、出价与匹配方式设置。请将关键词策略填写到表 2-5-6 中。

表 2-5-6　关键词策略

商品分类	推广商品	关键词策略
爆款		
新品 / 滞销品		

三、设置创意流量分配方式

可根据商品信息与推广关键词，编辑与优化创意。请将优化后创意填写到表 2-5-7 中。

表 2-5-7　创意编辑与优化

排序	根据商品编辑创意	根据推广关键词优化创意
1		
2		
3		
4		

四、人群定向与溢价

非标品具有自己的一类风格，同一类风格的商品对应的人群也有其共性特征，可根据商品特征选择相对吻合的特定兴趣偏向的速卖通首页潜力人群。可适当地选择部分优质人群、本店或相似店铺人群进行定向。

任务操作：请借助实训系统，完成非标品类目店铺的商品推广。

五、推广账户数据分析与优化

推广账户数据分析主要是从推广计划、推广单元、推广关键词、创意、定向人群进行分析。对不同的推广计划与推广单元、关键词、创意、人群进行对比，分析流量与花费的比率，对某一推广计划与推广单元、关键词、创意、人群，分析具体流量来源、花费是否存在不合理现象。其中，关键词的分析要分清搜索词与进店词。

任务操作：点击“结束推广”后，点击“推广计划”“推广单元”“关键词”“创意”“精选人群”，查看并分析推广数据。请将分析结论和优化建议填写到表 2-5-8 中。

表 2-5-8　账户数据分析与优化

分析项目	分析结论	优化建议
推广计划		
推广单元		
关键词		
创意		
精选人群		

任务思考

1. 搜索词、推广词、进店词之间的转换逻辑是什么？

____

____

____

____

2. 推广创意、关键词、定向人群在推广时需要注意什么内在联系？

____

____

____

____

2

工作领域三

信息流推广

思维导图

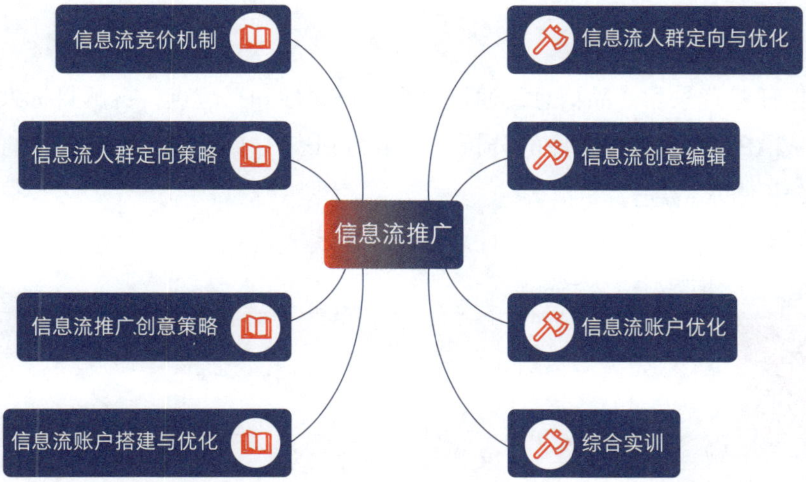

任务一　信息流人群定向与出价

1.1　应用下载人群定向与出价

任务目标

1. 能够通过对 APP 的描述进行分析，精准圈定目标人群
2. 能够制定应用下载目标人群的定向与出价策略
3. 能够根据应用下载目标人群的定向与出价策略完成精准出价

任务背景

男人的衣柜 APP 是海澜之家的手机端网上商城。APP 定位平价优质市场，货品款式多、品种全。为增加 APP 的注册用户数量，打响品牌知名度，进一步提升产品销量，公司总部决定在巨量引擎投放平台开展“国庆节期间，注册男人的衣柜 APP，即可成为海澜之家 VIP 会员，享受全场 98 折的购物优惠”的推广活动。

小瑜是海澜之家网店的今日头条推广负责人，为了能够提高 APP 的下载注册量，更好地推进国庆推广活动的实施，需要根据推广目标完成应用下载目标人群的精准定向与出价。

任务分析

根据产品定位，海澜之家的目标消费群体是 20 ～ 45 岁的男性。通过对产品 APP 的描述进行分析可以得知，目标用户普遍更加关注文化娱乐、服饰箱包、生活服务等。同时不同年龄段的人群，收入水平、婚姻状况、兴趣点差异也比较明显。因此对目标人群人口属性和个人兴趣爱好的分析是进行人群精准定向与出价的主要依据。

任务操作

1. 请根据任务背景和产品信息，通过分析人口属性和兴趣点，拆解目标人群，拓展人群标签，完成 APP 目标人群画像的分析，并填写到表 3-1-1 中。人群画像的数量，可以根据自己的分析需求，进行添加。

表 3-1-1 “男人的衣柜”APP 人群画像

人口属性	性别： 地域： 年龄：
个人兴趣	兴趣分类：
	兴趣关键词：
其他	（APP 行为定向、手机品牌、网络、运营商等）

2. 请根据任务操作 1 分析的人群画像，在实训系统中完成不同人群画像的定向操作，如图 3-1-1 所示。不同的人群画像可以通过建立不同的广告计划来完成人群定向。

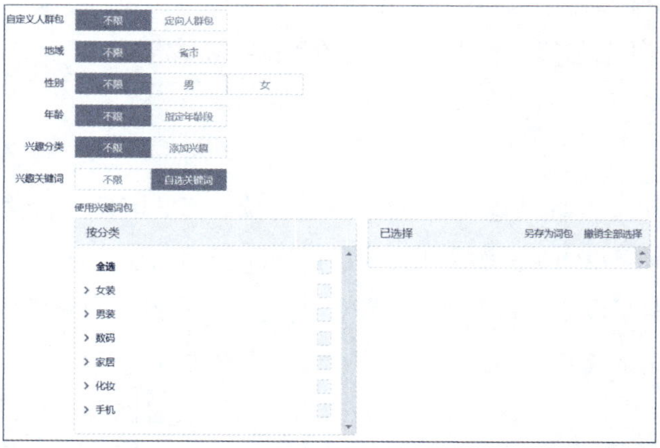

图 3-1-1　应用下载人群定向界面

3. 请根据任务操作 2 制定的人群定向策略，完成广告的预算设置与出价，如图 3-1-2 所示。在选择投放目标时，应该紧紧围绕任务背景的要求进行选择。比如，本次任务是实现应用的下载激活，则投放目标应该选择“转化”。

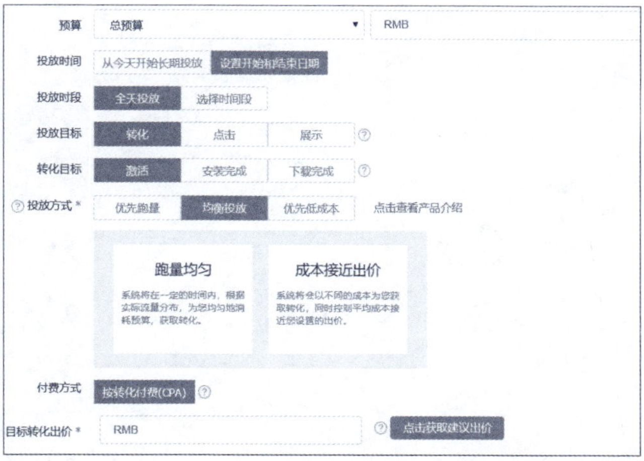

图 3-1-2　应用下载预算设置与出价界面

任务思考

1. 在进行应用下载推广时，选择精准的人群标签需要考虑哪些因素？

人群定向与出价

2. 不同的广告计划之间应该如何分配广告预算？

1.2　文章推广人群定向与出价

任务目标

1. 能够通过对文章的描述进行分析，掌握人群画像分析的方法
2. 能够制定文章推广的人群定向与出价策略
3. 能够根据文章推广的人群定向与出价策略完成精准出价

任务背景

春装上新之际，海澜之家推出了新品牛仔裤、衬衫和型男夹克。为了快速地将新品推向市场，增加产品销量，海澜之家推广部门决定采用信息流推广的方式通过今日头条推送新品软文《春天的感觉真好！海澜之家春季新品第三波来啦》。

小瑜是海澜之家网店的今日头条推广负责人，负责此次信息流推广任务，需要制定合理的文章推广的人群定向与出价策略，提高该文章的点击量，达到精准引流、增加销量的目的。

任务分析

根据文章的描述，此次春季上新的牛仔裤、衬衫、夹克主要针对的是年轻人群体。文章主要定位的类目为文化、生活、家居等。文章中能够提炼出很多与产品相关的关键词以及目标用户人群兴趣关键词，因此，在确定此次软文推广人群定向和出价策略时，应该对文章内的相关关键词进行深入挖掘，从而扩展更多的人群标签，实现推广效果的最大化。

任务操作

1. 请从文章中尽可能多地提炼出人群标签，填入下方的表 3-1-2 中。

表 3-1-2　文章关键词分析

文章名	《春天的感觉真好！海澜之家春季新品第三波来啦》
关键词	

2. 请根据任务背景和文章信息，通过分析人口属性和兴趣点，拆解目标人群，拓展人群标签，完成文章目标人群画像的分析，并填入下方的表 3-1-3 中。对于人群画像的数量，可以根据自己的分析需求进行添加。

3

表 3-1-3　文章目标人群画像

《春天的感觉真好！海澜之家春季新品第三波来啦》	
人口属性	性别： 地域： 年龄：
个人兴趣	兴趣分类：
	兴趣关键词：
其他	（APP 行为定向、手机品牌、网络、运营商等）

3. 请根据任务操作 2 分析的人群画像，在实训系统中，完成不同人群画像的定向操作，如图 3-1-3 所示。不同的人群画像可以通过建立不同的广告计划来完成人群定向。

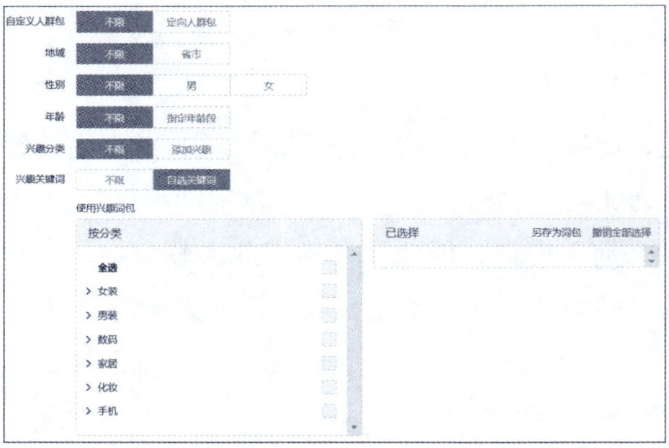

图 3-1-3　文章推广人群画像定向界面

4. 请根据任务操作 3 制定的人群定向策略，完成广告的预算设置与出价。在选择投放目标和投放时间时，应该紧紧围绕任务背景的要求进行选择，如图 3-1-4 所示。比如，本次任务是提高文章阅读量，则投放目标应该选择“点击”。

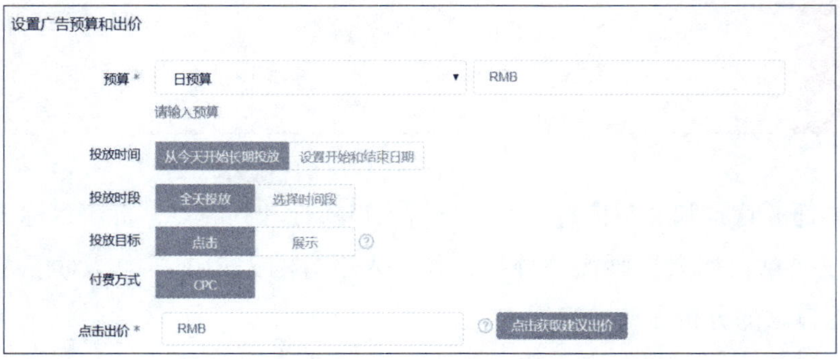

图 3-1-4　文章推广广告预算设置与出价界面

任务思考

1. 在进行文章推广时，选择人群标签需要考虑哪些因素？

2. 文章推广出价设置应该主要考虑哪几个方面？

3. 文章推广和应用下载在人群定向上有哪些区别？

1.3　落地页推广人群定向与出价

任务目标

1. 能够通过对产品的描述，掌握人群画像分析的方法
2. 能够制定落地页推广的人群定向与出价策略
3. 能够根据落地页推广的人群定向与出价策略完成精准出价

任务背景

为了进一步扩大品牌知名度和产品影响力，增加产品的曝光量，针对本次信息流推广，海澜之家对产品介绍落地页进行了重点设计。小瑜是海澜之家网店的今日头条推广负责人，她近期的主推商品是“HLA/ 海澜之家时尚都市直筒牛仔裤舒适牛仔裤男”，请结合产品特性和本次推广活动的策略方针，制定合理的人群定向和出价策略，完成本次任务。

任务分析

通过对“HLA/ 海澜之家时尚都市直筒牛仔裤舒适牛仔裤男”的产品属性进行分析得知，该产品主要面向的消费群体为中高端时尚都市青年，产品售价 168 元，同时在线上线下均有销售，所以具有“商场同款、线下消费偏好”的消费群体也应该是网店所考虑的目标定向人群。

任务操作

1. 请从产品属性和公司背景中尽可能多地提炼出人群标签，填入下方的表 3–1–4 中。

表 3–1–4　产品关键词分析

产品名称	HLA/ 海澜之家时尚都市直筒牛仔裤舒适牛仔裤男
关键词	

2. 请根据任务背景和产品信息，通过分析人口属性和兴趣点，拆解目标人群，拓展人群标签，完成落地页目标人群画像的分析，填入表 3–1–5 中。对于人群画像的数量，可以根据自己的分析需求进行添加。

3

表 3-1-5　落地页目标人群画像

HLA/ 海澜之家时尚都市直筒牛仔裤舒适牛仔裤男	
人口属性	性别： 地域： 年龄：
个人兴趣	兴趣分类：
	兴趣关键词：
其他	（APP 行为定向、手机品牌、网络、运营商等）

3. 请根据任务操作 2 分析的人群画像，在实训系统中完成不同人群画像的定向操作，如图 3-1-5 所示。不同的人群画像可以通过建立不同的广告计划来完成人群定向。

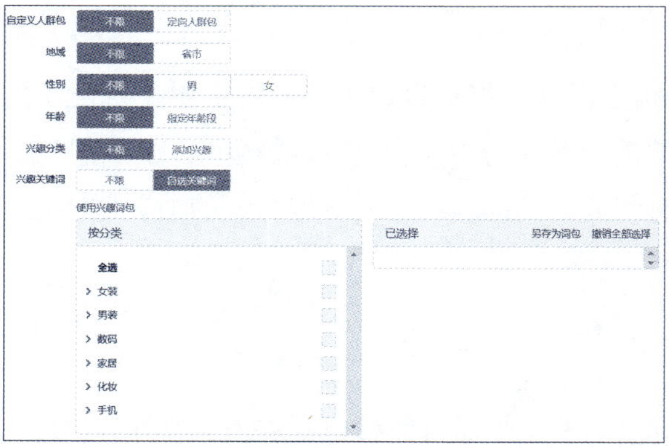

图 3-1-5　落地页推广人群画像定向界面

4. 请根据任务操作 3 制定的人群定向策略，完成广告的预算设置与出价，如图 3-1-6 所示。在选择投放目标时，应该紧紧围绕任务背景的要求进行选择。比如，本次任务是提高产品曝光量，则投放目标应该选择“点击”或“展现”。

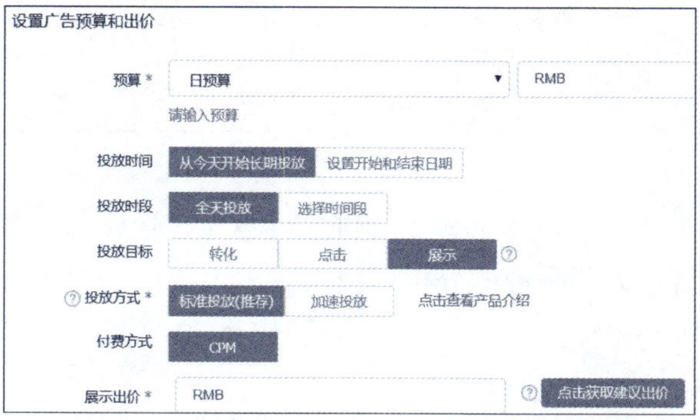

图 3-1-6　落地页推广广告预算设置与出价界面

任务思考

1. 在进行落地页推广时，选择人群标签需要考虑哪些因素？

2. 落地页推广出价设置应该主要考虑哪几个方面？

1.4　店铺推广人群定向与出价

任务目标

1. 能够通过对店铺的描述，掌握人群画像分析的方法
2. 能够制定店铺推广的人群定向与出价策略
3. 能够根据店铺推广的人群定向与出价策略完成精准出价

任务背景

国庆节来临之际，海澜之家策划了“国庆大酬宾，全场 9 折！”的促销活动，线上线下同步开售，消费者既可以选择线上下单、门店自提，也可以直接到线下门店选购心仪的商品。

江桥万达广场店作为海澜之家在上海地区的主力门店，为了能够充分扩大本次促销活动在上海地区的曝光度，推广部门决定通过信息流推广的方式进一步增加客流量的引入。

小瑜是海澜之家的今日头条推广负责人，需要根据任务目标，完成海澜之家（江桥万达广场店）的店铺推广引流工作。

任务分析

本次采用信息流推广的方式对店铺进行推广是线上与线下的结合，与传统推广最大的不同是地域定向的精细划分。可以通过分析上海地区不同区县、不同商圈等地域特性，拓展人群标签，完成目标消费人群的精准定向。本次任务主要是达到短期内快速提高促销活动曝光率的目的，因此投放方式应该选择加速投放，同时尽量提高展示出价。

任务操作

1. 请从店铺介绍和公司背景中尽可能多地提炼出人群标签，填入下方的表 3-1-6 中。关键词应该尽量以区县、商圈等地域类的关键词为主。

表 3-1-6　店铺关键词分析

店铺名称	海澜之家（江桥万达广场店）
关键词	

2. 请根据任务背景和店铺信息，通过分析人口属性和兴趣点，拆解目标人群，拓展人群标签，完成店铺推广目标人群画像的分析，填入下方的表 3-1-7 中。对于人群画像的数量，可以根据自己的分析需求进行添加。

表 3-1-7　店铺推广目标人群画像

海澜之家（江桥万达广场店）	
人口属性	性别： 地域： 年龄：
个人兴趣	兴趣分类：
	兴趣关键词：
其他	（APP 行为定向、手机品牌、网络、运营商等）

3. 请根据任务操作 2 分析的人群画像，在实训系统中，完成不同人群画像的定向操作。不同的人群画像可以通过建立不同的广告计划来完成人群定向。

（1）根据任务操作 1 和任务操作 2 对地域标签的重点分析，完成地域定向。如图 3-1-7 所示。

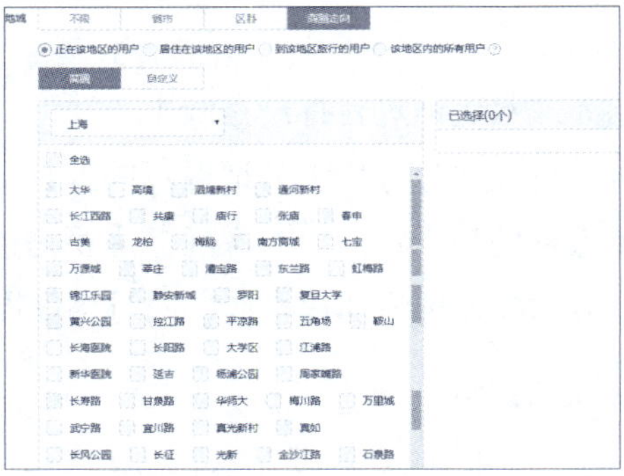

图 3-1-7　店铺推广地域定向界面

（2）请在实训系统上完成其他人群定向操作。如图 3-1-8 所示。

图 3-1-8　店铺推广人群定向界面

4. 请根据任务操作 3 制定的人群定向策略，完成广告的预算设置与出价，如图 3-1-9 所示。在选择投放目标和投放时间时，应该紧紧围绕任务背景的要求进行选择。比如，本次任务是提高门店促销活动的曝光量，而国庆节即将来临，因此应该优先选择加速投放，如果选择设定日预算，则应该尽量提高日预算的出价，防止预算消耗完毕，广告计划提前下线。

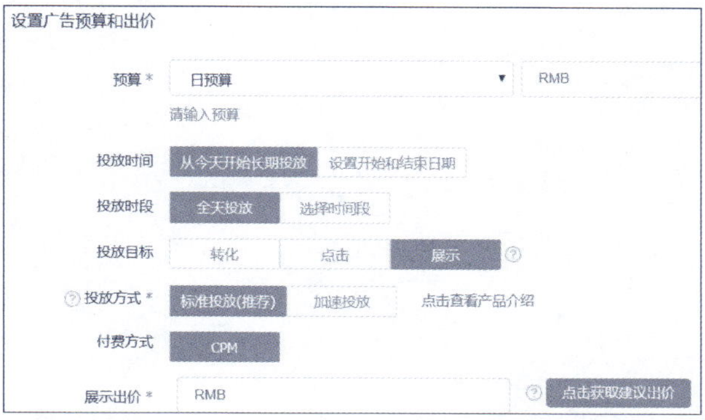

图 3-1-9　广告预算设置与出价界面

任务思考

1. 在进行店铺推广时，选择人群标签需要考虑哪些因素？

____

____

____

____

2. 设置店铺推广出价应该主要考虑哪几个方面？

____

____

____

____

任务二　信息流创意编辑

2.1　应用下载创意编辑

任务目标

1. 能根据应用下载的特点制定合理的创意编辑策略
2. 能结合人群画像进行创意的编辑
3. 能够结合产品特性完成不同创意类型的编辑

任务背景

应用下载人群定向与出价完成后，就要进行创意的编辑工作。美工组已经根据商品的特性以及不同创意资源位的要求制定了不同创意类型的素材，包括大图横图、横版视频、竖版视频、组图、小图、大图竖图等，不同的创意资源类型代表着不同的资源位。

小瑜是海澜之家网店的今日头条推广负责人，需要根据任务目标，锁定产品的卖点，明确使用场景，体现出产品的优势，并巧妙地加入到创意中去。为不同的创意类型编辑不同的文字创意，并选择对应的创意展现方式。

任务分析

创意标题的编辑应该紧紧围绕目标人群的潜在需求展开，从 APP 描述中提炼出核心词，从目标人群定向中提炼兴趣关键词，突出“男人的衣柜”APP 的特色，比如“款式多、品种全的货品”“无干扰、自选式购衣”“免费成为海澜之家官方会员，享受全场 98 折”都是编写新创意时可以参考的点。

同时，我们也可以查看系统推荐标题，模仿系统推荐标题来制作新的创意，从而撰写出更有针对性的创意。

任务操作

1. 创意编辑。

信息流创意制作第一个要考虑的因素应该是倾向于原生广告，这样既能向目标人群传递营销目标，也不破坏用户的信息流阅读体验。第二个要考虑的因素是如何吸引目标人群，提高创意点击率。请结合任务一中得到的人群画像和实训系统中的系统推荐标题，给表 3-2-1 中不同的创意类型分别撰写合适的创意标题。每个创意的字符总数不能多于 30 个汉字。

表 3-2-1　创意编辑

创意类型	创意
大图横图	
横版视频	
竖版视频	
组图	
小图	
大图竖图	

将撰写好的创意标题填写到实训系统中，并填写创意来源。创意添加页面如图 3-2-1 所示。

图 3-2-1　创意添加

2. 展现方式。

在优选模式下，创意效果越好，展现量越高；而轮播模式下，每条创意平分展现量。如果任务目标更侧重总体展现量，则应该选择优选模式；如果想让创意覆盖不同的人群，同时比较不同创意的投放效果，可以考虑轮播模式。

在广告创意添加页面，点击“显示高级选项”，选择相应的创意展现方式即可。如图 3-2-2 所示。

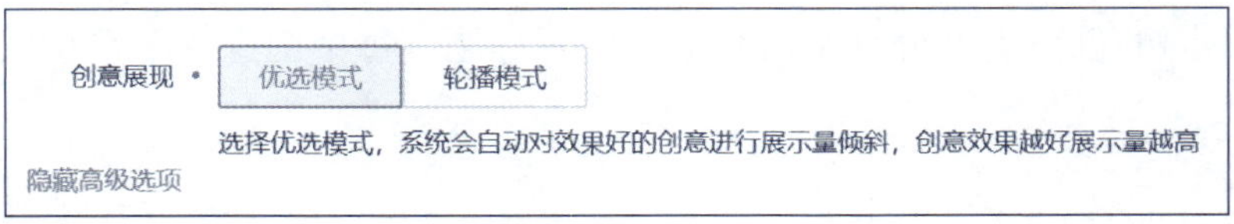

图 3-2-2　创意展现方式设置

3. 创意分类与标签。

根据推广的应用，尽可能选择与创意素材最相关的行业分类，以及能全面准确描述应用、创意素材或人群定向的标签。请根据实训系统提示的创意分类列表，结合任务一分析得出的人群画像，为该创意添加创意分类和创意标签，并填入表 3-2-2 中。

表 3-2-2　创意分类与创意标签

创意分类	
创意标签	

将表 3-2-2 中的创意分类和创意标签，填写到广告计划中。如图 3-2-3 所示。

图 3-2-3　填写创意分类与创意标签

任务思考

1. 在进行应用下载的创意编辑时，应该着重关注哪几点？

信息流创意编辑

2. 对于不同创意类型，在编写创意时，有哪些不同点？

2.2 文章推广创意编辑

任务目标

1. 能根据文章推广的特点制定合理的创意编辑策略
2. 能结合人群画像进行创意的编辑
3. 能够结合产品特性完成不同创意类型的编辑

任务背景

为了让文章推广的效果达到最优，现在要进行文章推广创意的编辑。美工组已经根据文章推广中所需要的创意资源类型制作了各类不同类型的创意素材，包括不同类型的视频、图片以及不同尺寸的组图等。

小瑜是海澜之家网店的今日头条推广负责人，需要根据任务目标，对不同的资源位对应的展现量及目标人群进行分析和评估，为不同的创意类型编辑不同的文字创意，并选择对应的创意展现方式。

任务分析

创意标题的编辑应该紧紧围绕目标人群的潜在需求展开，从文章描述中提炼出核心词，从目标人群定向中提炼兴趣关键词，突出文章的主旨，比如“海澜之家”“春季新品”“轻生活 悦时尚”都是编写新创意时可以参考的点。

同时，也可以查看系统推荐标题，模仿系统推荐标题来制作新的创意，从而撰写出更有针对性的创意。

任务操作

1. 创意编辑。

信息流创意制作第一个要考虑的因素应该是倾向于原生广告，这样既能向目标人群传递营销目标，也不破坏用户的信息流阅读体验。第二个要考虑的因素如何吸引目标人群，提高创意点击率。请结合任务一中得到的人群画像和今日头条推广实训系统中的系统推荐标题，给表 3-2-3 中不同的创意类型分别撰写合适的创意标题。创意的字符总数不能多于 30 个汉字。

表 3-2-3　创意编辑

创意类型	创意
大图横图	
横版视频	
竖版视频	

续表

创意类型	创意
组图	
小图	
大图竖图	

将撰写好的创意标题填写到实训系统中，并填写创意来源。如图 3-2-4 所示。

图 3-2-4　创意添加

2. 展现方式。

在优选模式下，创意效果越好，展现量越高；而轮播模式下，每条创意平分展现量。如果任务目标更侧重总体展现量，则应该选择优选模式；如果想让创意覆盖不同的人群，同时比较不同创意的投放效果，可以考虑轮播模式。

在广告创意添加页面，点击“显示高级选项”，选择相应的创意展现方式即可。如图 3-2-5 所示。

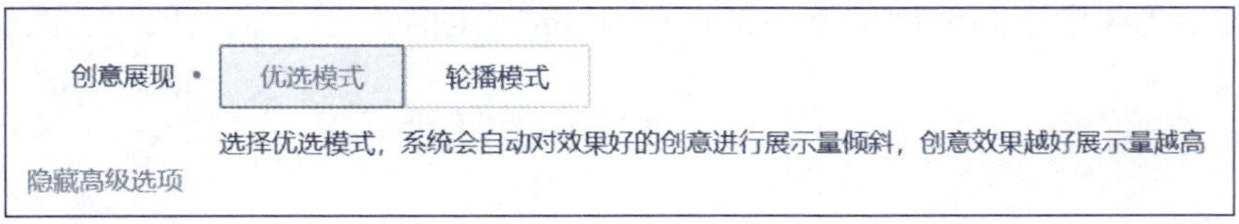

图 3-2-5　创意展现方式设置

3. 创意分类与标签。

根据推广的文章，尽可能选择与创意素材最相关的行业分类，以及能全面准确描述文章、创意素材或人群定向的标签。请根据实训系统提示的创意分类列表，结合任务一分析得出的人群画像，为该创意添加创意分类和创意标签，并填入下方的表 3-2-4 中。

表 3-2-4　创意分类与创意标签

创意分类	
创意标签	

将表格中的创意分类和创意标签，填写到广告计划中。如图 3-2-6 所示。

图 3-2-6　填写创意分类与创意标签

任务思考

1. 在进行文章推广的创意编辑时，应该着重关注哪几点？

2. 如何使用通配符使创意更加个性化？

2.3　落地页推广创意编辑

任务目标

1. 能根据落地页推广的特点制定合理的创意编辑策略
2. 能结合人群画像进行创意的编辑
3. 能够完成不同创意类型的编辑

任务背景

美工组已经根据不同的资源位制作了类型、尺寸各不相同的“落地页推广”创意素材，包括大图横图、横版视频、竖版视频、组图、小图、大图竖图等。

小瑜是海澜之家网店的今日头条推广负责人，需要根据任务目标，结合产品特性，编辑能激发用户兴趣的、不同类型的文字创意，并对不同的创意类型选择对应的展现方式。

任务分析

创意标题的编辑应该紧紧围绕目标人群的潜在需求展开，从产品描述和产品属性中提炼出核心词，从目标人群定向中提炼兴趣关键词，突出产品的卖点，比如“简洁腰部，质感纽扣，弧形口袋”“仅售 168 元”都是编写新创意时可以参考的点。

同时，也可以查看系统推荐标题，模仿系统推荐标题来制作新的创意，从而撰写出更有针对性的创意。

任务操作

1. 创意编辑。

信息流创意制作第一个要考虑的因素应该是倾向于原生广告，这样既能向目标人群传递营销目标，同时也不破坏用户的信息流阅读体验。第二个要考虑的因素是如何吸引目标人群，提高创意点击率。请结合任务一中得到的人群画像和实训系统中的系统推荐标题，给表 3–2–5 中不同的创意类型分别撰写合适的创意。创意的字符总数不能多于 30 个汉字。

表 3–2–5　创意编辑

创意类型	创意
大图横图	
横版视频	
竖版视频	
组图	
小图	
大图竖图	

3

将撰写好的创意标题填写到实训系统中，并填写创意来源。如图 3–2–7 所示。

图 3–2–7　创意添加

2. 展现方式。

在优选模式下，创意效果越好，展现量越高；而轮播模式下，每条创意平分展现量。如果任务目标更侧重总体展现量，则应该选择优选模式；如果想让创意覆盖不同的人群，同时比较不同创意的投放效果，可以考虑轮播模式。

在广告创意添加页面，点击“显示高级选项”，选择相应的创意展现方式即可。如图 3–2–8 所示。

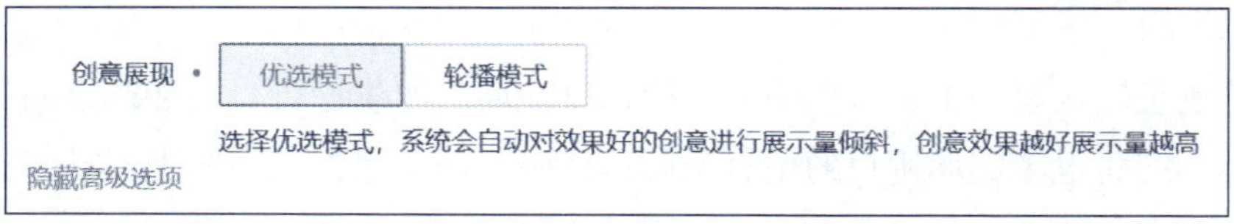

图 3–2–8　创意展现方式设置

3. 创意分类与标签。

根据推广的产品，选择尽可能与创意素材最相关的行业分类，以及能全面准确描述产品、创意素材或人群定向的标签。请根据实训系统提示的创意分类列表，结合任务一分析得出的人群画像，为该创意添加创意分类和创意标签，并填入表 3–2–6 中。

表 3–2–6　创意分类与创意标签

创意分类	
创意标签	

将表 3-2-6 中的创意分类和创意标签，填写到广告计划中。如图 3-2-9 所示。

图 3-2-9　填写创意分类与创意标签

任务思考

1. 在进行落地页推广的创意编辑时，应该着重关注哪几点？

____

____

____

____

2. 应用下载、文章推广、落地页推广的创意编辑有什么相似点和不同点？

____

____

____

____

2.4 店铺推广创意编辑

任务目标

1. 能根据店铺推广的特点制定合理的创意编辑策略
2. 能结合人群画像进行创意的编辑
3. 能够完成不同创意类型的编辑

任务背景

现在要根据创意资源类型进行店铺推广创意的编辑工作，美工的同事已经制作了和“店铺推广”相关的不同的创意素材，创意类型有大图横图、横版视频、竖版视频、组图、小图、大图竖图等。每个创意类型代表分别代表不同的资源位。

小瑜是海澜之家网店的今日头条推广负责人，需要根据不同的资源位选择对应的资源类型，并编辑最佳的创意内容，以达到最好的引流推广效果。

任务分析

门店的推广是线上与线下结合的场景。创意标题的编辑应该紧紧围绕目标人群的潜在需求展开，从店铺描述和促销活动目标中提炼出核心词，从目标人群定向中提炼兴趣关键词，强调促销活动的吸引力，比如“国庆大酬宾，全场 9 折！”都是编写新创意时参考的点。

同时，也可以查看系统推荐标题，模仿系统推荐标题来制作新的创意，从而撰写出更有针对性的创意。

任务操作

1. 创意编辑。

信息流创意制作第一个要考虑的因素是倾向于原生广告，这样既能向目标人群传到营销目标，也不破坏用户的信息流阅读体验。第二个要考虑的因素是如何吸引目标人群，提高创意点击率。请结合任务一中得到的人群画像和实训系统中的系统推荐标题，给表 3–2–7 中不同的创意类型分别撰写合适的创意标题。创意的字符总数不能多于 30 个汉字。

表 3–2–7 创意编辑

创意类型	创意
大图横图	
横版视频	
竖版视频	

续表

创意类型	创意
组图	
小图	
大图竖图	

将撰写好的创意标题填写到实训系统中，并填写创意来源。如图 3-2-10 所示。

图 3-2-10　创意添加

2. 展现方式。

在优选模式下，创意效果越好，展现量越高；而轮播模式下，每条创意平分展现量。如果任务目标更侧重总体展现量，则应该选择优选模式；如果想让创意覆盖不同的人群，同时比较不同创意的投放效果，可以考虑轮播模式。

在广告创意添加页面，点击“显示高级选项”，选择相应的创意展现方式即可。如图 3-2-11 所示。

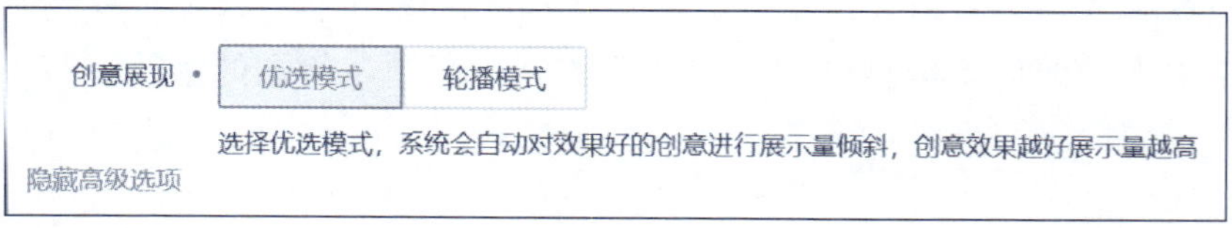

图 3-2-11　创意展现方式设置

3. 创意分类与标签。

根据推广的店铺信息，选择尽可能与创意素材最相关的行业分类，以及能全面准确描述店铺、创意素材或人群定向的标签。请根据实训系统提示的创意分类列表，结合任务一分析得出的人群画像，为该创意添加创意分类和创意标签，并填入表 3-2-8 中。

表 3-2-8　创意分类与创意标签

创意分类	
创意标签	

将表格中的创意分类和创意标签，填写到广告计划中。如图 3-2-12 所示。

图 3-2-12　填写创意分类与创意标签

任务思考

1. 在进行门店推广的创意编辑时，应该着重关注哪几点？

____

____

____

____

2. 门店推广的创意编辑和应用下载、文章推广、应用下载的创意编辑，最明显的区别是什么？

____

____

____

____

任务三　信息流账户优化

3.1　人群定向与出价数据分析与优化

任务目标

1. 能够通过数据分析，总结信息流账户的表现情况和存在问题

2. 能够通过数据分析，制定人群定向与出价优化策略并实施

任务背景

小瑜是海澜之家网店的今日头条推广负责人，通过前期的信息流推广，小瑜分别完成了应用下载、文章推广、落地页推广、店铺推广。但是初期的信息流推广表现并没有达到预期的效果。小瑜需要根据前期账户的数据反馈，优化人群定向和出价，从而提高信息流推广账户整体的表现。

任务分析

通过数据分析来优化信息流推广账户，需要先收集整理前期的推广数据，通过数据之间的联系发现推广的问题，从而调整账户内的细节操作，制定账户优化策略。比如定向过窄，会导致账户整体展现量过低；不同的广告计划之间，定向相似度过高，导致相互竞争；人群画像不精准，导致信息流账户整体的点击率和转化率偏低。

任务操作

1. 登录实训系统，收集整理推广数据，将账户的表现数据总结到下方的表 3-3-1 中。

（1）请统计广告组的推广数据。

表 3-3-1　广告组的推广数据

广告组	推广目的	预算	总花费	展示数	点击数	转化数

（2）请统计广告计划的推广数据，并填入到表 3–3–2 中。

表 3–3–2　广告计划的推广数据

广告计划	广告组	投放时间	出价	预算	总花费	展现数	点击数	转化数

2. 请通过表 3–3–1、表 3–3–2 的账户推广数据，分析总结每个广告计划的表现情况，并从人口属性定向、个人兴趣定向提出人群定向与出价优化建议和措施，并填入到表 3–3–3 中。

表 3–3–3　出价优化建议和措施

<table>
<tr><td colspan="3">广告计划名称：</td></tr>
<tr><td colspan="3">广告计划数据分析总结：</td></tr>
<tr><th>定向分类</th><th>可能存在问题</th><th>优化措施</th></tr>
<tr><td>人口属性定向
（性别、年龄、地域等）</td><td></td><td></td></tr>
<tr><td>个人兴趣定向
（兴趣分类、兴趣关键词等）</td><td></td><td></td></tr>
<tr><td>其他定向
（APP 行为定向、手机品牌、网络、运营商等）</td><td></td><td></td></tr>
<tr><td>预算与出价</td><td></td><td></td></tr>
<tr><td>投放方式</td><td></td><td></td></tr>
</table>

3. 请根据任务操作 2 的分析，为广告计划制定新的人群定向与出价策略，并填入到表 3–3–4 中。

表 3–3–4　人群定向与出价策略

<table>
<tr><td colspan="2">广告计划名称：</td></tr>
<tr><td>人口属性</td><td>性别：
地域：
年龄：</td></tr>
<tr><td rowspan="2">个人兴趣</td><td>兴趣分类：</td></tr>
<tr><td>兴趣关键词：</td></tr>
</table>

续表

其他	（APP 行为定向、手机品牌、网络、运营商等）
预算与出价	预算：
	投放时间：
	投放目标：
	投放方式：

4. 请将根据任务操作 3 制定的人群定向与出价优化策略，在实训系统中实施。

任务思考

1. 在进行人群定向与出价数据分析时，应考虑哪些数据指标？

____

____

____

____

人群定向与出价优化

2. 如何将数据分析结果转化为优化策略？

____

____

____

____

3.2　信息流创意数据分析与优化

任务目标

1. 能够通过数据分析，总结信息流账户的表现情况和存在问题
2. 能够通过数据分析，制定创意优化策略并实施

任务背景

小瑜是海澜之家网店的今日头条推广负责人，通过前期的信息流推广，小瑜分别完成了应用下载、文章推广、落地页推广、店铺推广。但是初期的信息流推广表现并没有达到预期的效果。

小瑜根据前期账户的数据反馈，已经完成了人群定向和出价的优化，需要进一步完成创意的数据分析与优化，从而提高信息流推广账户整体的表现。

任务分析

创意标题的质量影响账户整体的点击率和转化率，当展现量一定的时候，如果创意标题质量不高，点击率过低，则账户的整体点击量就会受到影响。想要提高创意标题质量，应该从创意吸引力、创意产品相关性、创意与人群定向的匹配程度、创意表现形式等方面进行考虑。

任务操作

1. 登录实训系统，收集整理推广数据，将广告计划的表现数据计算后，填入表 3-3-5 中。（点击率 = 点击数 / 展现数 ×100%，转化率 = 转化数 / 点击数 ×100%）

表 3-3-5　广告计划的推广数据

广告计划	广告组	投放时间	出价	预算	总花费	展现数	点击率	转化率

2. 请通过账户数据表现，从下列角度分析创意可能存在的问题，将发现的问题填入表 3-3-6 中。比如，在进行文章推广时，文章内容介绍的是面向年轻人的“牛仔裤”“夹克”等产品，主打“青春时尚活力”，在撰写创意标题时，使用了“成熟”“型男”等关键词。

表 3-3-6　创意问题分析统计

创意质量影响因素	可能存在问题
创意吸引力	
创意和产品相关性	
创意与定向人群的匹配程度	
创意的表现形式	

3. 请根据任务操作 2 提出的问题，重新对创意和创意标签进行优化，将优化后的创意类型和创意标题填入下方的表 3-3-7 中。

表 3-3-7　创意优化

<table>
<tr><td colspan="2">广告计划名称：</td></tr>
<tr><th>创意类型</th><th>创意标题</th></tr>
<tr><td rowspan="2"></td><td>优化前：</td></tr>
<tr><td>优化后：</td></tr>
<tr><td rowspan="2"></td><td>优化前：</td></tr>
<tr><td>优化后：</td></tr>
<tr><td rowspan="2"></td><td>优化前：</td></tr>
<tr><td>优化后：</td></tr>
<tr><td>创意分类</td><td></td></tr>
<tr><td>创意标签</td><td></td></tr>
</table>

4. 请将优化后的创意标题与创意标签，在实训系统中实施。

任务思考

1. 创意优化应该从哪几个方面来进行考虑？

信息流创意数据优化

____

____

____

____

2. 影响创意标题质量的因素主要有哪些？

____

____

____

任务四　综合实训

4.1　数码类目信息流推广综合实训

任务目标

1. 能够根据数码类目商品与推广目标，设置人群定向与出价
2. 能够进行数码类目人群定向策略的制定与实施
3. 能够分析推广数据，提出账户优化方案

任务背景

小瑜是某小米电商部门的今日头条推广负责人。在“6·18”活动来临之际，部门决定借助信息流投放平台，推广“6·18”促销活动，同时实施应用下载推广、文章推广、落地页推广和门店推广等信息流推广活动，实现“6·18”促销活动的海量曝光，为“6·18”活动预热。推广预算金额为10万元。

任务分析

本次任务的目的是实现“6·18”促销活动的海量曝光，获取最大展现量和点击量，实现让用户下载应用和门店推广的目的。用户获取活动详细信息的路径比较长，因此可适当降低预算，主推落地页推广和文章推广。因为预算有限，为了能够高效地实现推广目标，在制定人群定向时，应该紧紧围绕核心用户展开，只对潜在用户进行投放。“6·18”活动对用户最大的吸引力是商品价格，因此制作创意时，应尽量以价格为卖点。

任务操作

1. 请根据任务背景和产品信息，通过分析人口属性和兴趣点，拆解目标人群，拓展人群标签，完成本次任务人群画像的综合分析和出价，并填入表3-4-1中。

表3-4-1　信息流综合推广人群定向与出价

<table>
<tr><td colspan="2">小米“6·18”促销活动人群画像</td></tr>
<tr><td colspan="2">广告组名称：</td></tr>
<tr><td colspan="2">广告计划名称：</td></tr>
<tr><td>人口属性</td><td>性别：
地域：
年龄：</td></tr>
</table>

续表

个人兴趣	兴趣分类：
	兴趣关键词：
其他	（APP 行为定向、手机品牌、网络、运营商等）
预算与出价	
投放方式	

2. 请结合任务操作 1 中得到的人群画像和实训系统的产品信息及工作背景，完成广告创意的制作，并填入到表 3–4–2 中。

表 3-4-2　信息流综合推广创意策略

广告组名称：	
广告计划名称：	
创意类型	创意标题
创意分类	
创意标签	

3. 任务操作：请借助实训系统，完成数码类目信息流推广策略的实施。

4. 根据实训系统账户数据表现，对信息流推广账户进行优化。

任务思考

1. 进行信息流综合推广时，如何制定合适的策略？

系统操作说明

2. 通过本次实训任务，你在进行信息流综合推广时，如何进行资金分配？

4.2　服装类目信息流推广综合实训

任务目标

1. 能够根据服装类目商品与推广目标，设置人群定向与出价
2. 能够进行服装类目人群定向策略的制定与实施
3. 能够分析推广数据，提出账户优化方案

任务背景

海澜之家是一个国际化一站式男装零售品牌，于2002年创立，为公司旗下主要品牌，致力于为20～45岁的男性提供时尚的设计和优质的产品，产品划分为商务、时尚、休闲三个系列，主要包括T恤、衬衫、裤子、西装、夹克衫等类别，丰富的商品几乎能够满足男性在着装方面的全部需求。

小瑜是海澜之家电商部门的今日头条推广负责人，在“双12”活动来临之际，电商部门决定借助信息流投放平台，推广“双12”促销活动，同时实施应用下载推广、文章推广、落地页推广和门店推广等信息流推广活动，实现“双12”促销活动的海量曝光，为“双12”活动预热。推广预算金额为10万元。

任务分析

服装类目与数码类目的信息流推广最大的不同点是受众广，人群画像丰富，因此在制定人群定向策略时，更应该紧紧围绕核心用户展开，只对精准用户进行投放。在制定人群画像策略时，应该对人群标签进行更细致的分类总结，根据实训系统中的公司背景和产品信息，完成人群的精准定向。

任务操作

1. 请根据任务背景和产品信息，通过分析人口属性和兴趣点，拆解目标人群，拓展人群标签，完成本次任务人群画像的综合分析和出价，并填入表3-4-3中。

表3-4-3　“双12”促销活动人群画像

<table>
<tr><th colspan="2">海澜之家“双12”促销活动人群画像</th></tr>
<tr><td colspan="2">广告组名称：</td></tr>
<tr><td colspan="2">广告计划名称：</td></tr>
<tr><td>人口属性</td><td>性别：
地域：
年龄：</td></tr>
</table>

续表

个人兴趣	兴趣分类：
	兴趣关键词：
其他	（APP 行为定向、手机品牌、网络、运营商等）
预算与出价	
投放方式	

2. 请结合任务操作 1 中得到的人群画像和实训系统的产品信息及工作背景，完成广告创意的制作，并填入表 3–4–4 中。

表 3–4–4 “双 12”促销活动广告创意

广告组名称：	
广告计划名称：	
创意类型	创意标题
创意分类	
创意标签	

3. 任务操作：请借助实训系统，完成服装类目信息流推广策略的实施。

4. 根据实训系统账户数据表现，对信息流推广账户进行优化。

任务思考

1. 不同类目的信息流综合推广，主要有哪些区别？

____

____

____

____

2. 在进行推广账户优化时，应该着重从哪些角度进行考虑？

____

____

____

____

资源服务提示

授课教师如需获得本书配套教辅资源，请登录“高等教育出版社产品信息检索系统”(http://xuanshu.hep.com.cn/) 搜索本书并下载资源。首次使用本系统的用户，请先注册并进行教师资格认证。

也可电邮至资源服务支持邮箱：songchen@hep.com.cn，申请获得相关资源。

本书编辑邮箱 :wangpei@hep.com.cn。

高教社电子商务专业 QQ 群号：218668588。

1+X 网店运营推广证书 QQ 群号：914698451。